참된 신앙을 위한 세 하모니

사도신경, 십계명, 주기도문

세움북스 는 기독교 가치관으로 교회와 성도를 건강하게 세우는 바른 책을 만들어 갑니다.

참된 신앙을 위한 세 하모니
: 사도신경, 십계명, 주기도문

하이델베르크 교리문답의 해설로 살펴보는 신앙의 세 요지

초판 1쇄 인쇄 2023년 8월 5일
초판 1쇄 발행 2023년 8월 10일

지은이 | 윤석준
펴낸이 | 강인구

펴낸곳 | 세움북스
등 록 | 제2014-000144호
주 소 | 서울시 종로구 대학로 19 한국기독교회관 1010호
전 화 | 02-3144-3500
팩 스 | 02-6008-5712
이메일 | cdgn@daum.net

디자인 | 참디자인
교 정 | 참디자인

ISBN 979-11-91715-86-6 (03230)

참된 신앙을 위한
세 하모니

: 사도신경·십계명·주기도문

하이델베르크 교리문답의 해설로 살펴보는 신앙의 세 요지

윤석준 지음

사도신경   십계명   주기도문

한 권으로
해결

세움북스

목차

머리말
신앙의 세 요지를 배워야 하는 이유

오래전부터 우리 신앙의 선배들은 사도신경과 십계명, 그리고 주기도문을 신앙의 기본으로서 아주 중요하게 생각해 왔습니다. 당장 우리나라에 선교사들이 들어와 복음을 전할 때만 하더라도, 아직까지 구약성경과 신약성경이 미처 우리말로 다 번역되기 전부터 신앙의 요지를 가르치기 위하여 이 세 가지 요지들을 먼저 번역해서 가르쳤습니다.

고대 교회에서는 사도신경과 주기도문만 먼저 가르치다가 13세기에 와서 십계명이 추가되었습니다. 그러니까 종교개혁 이전에는 항상 **사도신경-주기도문-십계명** 이 순서로 가르친 셈입니다.

이렇게 가르칠 때의 의미는 '실천' 또는 '적용'의 순서를 따른 것입니다. 사도신경으로 우리가 믿는 바 신앙의 요지를 정리하고, 이 정돈된 신앙의 요지는 '기도의 배경'이 되었습니다. 즉, 사도신경-주기도문의 연결은 **'바르게 믿고-구한다'**라는 순서를 잘 보여줍니다.

그리고 여기에 '십계명'이 덧붙여집니다. 십계명은 '삶'입니다. 하나님께서 무엇을 기뻐하시는지 또 무엇을 싫어하시는지를 알아, 우리의 삶으로 우리의 신앙을 구현하는 것이 십계명의 취지입니다. 그렇다면 여기에는 믿고(사도신경)-기도하며(간구)-사는 것(십계명)의 연결이 있습니다. 고대 교회로부터 중세 후기에 이르기까지 우리 선배들의 신앙에서 신앙의 세 요지의 순서의 특징은 '무엇을 믿을 것인가'와 '그 믿음을 터전으로 하여 하나님께 간구하는 것', 그리고 그 하나님과의 관계를 '삶 속에서 나타내는 것'의 연결이 잘 드러납니다. 하나님께 제아무리 기도(주기도문)하더라도 거기에 올바른 신앙의 베이스인 '무엇을 믿느냐'(사도신경)가 없다면 의미가 없고, 반면 제대로 믿는다고 하여도(사도신경) 삶에서 실제로 실천하지 않는다면(십계명) 의미가 없다고 여긴 것입니다.

이에 비하여 루터가 종교개혁을 일으켰을 때 그는 이 순서를 의도적으로 바꾸어 놓았습니다. 루터는 대교리문답에서 이 신앙의 세 요지를 해설하는데, 순서는 **십계명-사도신경-주기도문**입니다.

십계명을 먼저 놓고 다음에 사도신경을 놓은 이유는 루터의 믿음의 여정, 그리고 이후 종교개혁이 가진 복음의 올바른 해설이 **'율법-복음'의 관계**를 제대로 파악하는 데에 있었기 때문입니다. 즉, 루터는 '십계명-사도신경'을 '구약-신약' 혹은 '율법-복음'의 해설로 파악하고 순서를 이렇게 놓습니다.

루터가 순서를 이렇게 놓은 이유는 그가 복음을 제대로 이해했기 때문입니다. 중세 천년 간의 교회는 자신이 지은 죄에 대하여 '보속'(補贖), 곧 '갚음'을 하기 위하여 사람의 행실에 치중했습니다. 하나님의 벌은 무섭고, 사람은 그에 대하여 돈이 되었건 고행이 되었건 그 죄에 대한 벌을 갚아야만 했습니다. 하지만 루터는 시편과 로마서를 강해하면서 복음의 참 진리를 깨닫습니다. 그가 깨달은 진짜 진리는 "오직 그리스도 안에만 이 율법의 모든 성취가 있다"는 점이었습니다. 루터는 자기가 율법의 의를 이루기 위하여 고군분투했지만, 제아무리 자기 몸을 쳐서 괴롭혀도 결국에는 전혀 죄로부터 탈출할 수 없다는 것을 깨달았습니다. 그리고 복음을 통하여 오직 그리스도께 의탁할 때만 참 자유를 얻을 수 있다는 것을 발견했습니다.

즉, 루터의 순서, 십계명-사도신경은 루터가 깨달은 복음의 이해가 녹아 있는 셈입니다. 그는 십계명을 통하여 하나님의 율법을 받았으나 사도신경에 나타나 있는 그리스도의 복음이 없다면 그 율법은 우리를 옥죄어 죽일 것이라는 사실을 깊이 깨달았습니다. 그래서 이 둘의 순서를 이렇게 배치했고, 이는 오늘날의 우리에게도 많은 깨달음을 줍니다.

그리고 마지막에 오는 주기도문의 배치는, 이 일이 '우리의 힘으로' 되지 않음에 대한 고백입니다. 율법과 복음을 받더라도 그 복음의 은혜 속에 사는 것조차 '우리 힘으로' 되는 것이 아닙니다. 구원받고 새사람이 되었더라도 우리는 계속해서 주님으로부터 힘을 받아야 살 수 있습니다. 바로 이런 이유로 율법과 복음의 뒤에 주기도문이 배치되어 그 복음의 은총 후의 '삶'에서도 여전히 하나님께 간구하는 일, 그리스도를 통한 기도를 통해서만 제대로 이 구원받은 은총의 삶을 이어갈 수 있다는 것을 고백한 것입니다.

그리고 마지막 세 번째인 하이델베르크 교리문답의 순서는 **사도신경-십계명-주기도문**입니다. 하이델베르크 교리문답의 순서는 이 교리문답의 첫 주일의 내용에 그 대답이 있습니다. 하이델베르크 교리문답 제1주일은 "위로"에 대하여 1문답에서 물은 다음에, "우리가 이 위로 속에 살고 죽기 위하여 무엇이 필요한가?"를 2문답에서 묻습니다. 그리고 2문답의 대답은 다음과 같습니다.

참된 신앙을 위한 세 하모니 : 사도신경, 십계명, 주기도문

제1주일

2문 : 이러한 위로 가운데 복된 인생으로 살고 죽기 위해서 당신은 무엇을 알아야
     합니까?

답 : 다음의 세 부분을 알아야 합니다.

첫째, 나의 죄와 비참함이 얼마나 큰가

둘째, 나의 모든 죄와 비참함으로부터 어떻게 구원을 받는가

셋째, 그러한 구원을 주신 하나님께 어떻게 감사를 드려야 하는가를 알아야 합니다.

하이델베르크 교리문답은 전체가 이 대답을 따라 3부로 구성되어 있습니다. 1부는 '비참', 2부는 '구속', 3부는 '감사'입니다. 1부는 우리 인간의 본질을 알려주고, 2부는 구원의 방법을 가르쳐주며, 3부는 구원받은 신자의 삶의 정체를 알려줍니다.

하이델베르크 교리문답은 2부 구속 파트에서 '사도신경'을, 3부 감사 파트에서 '십계명'과 '주기도문'을 이어서 다룹니다. 이 구조는 교리문답이 세 신앙의 요지를 어떻게 이해하고 있는지를 잘 보여줍니다.

하이델베르크 교리문답이 이해하는 **사도신경은 '구원을 위한 것'**입니다. 즉, 구원을 얻기 위하여 우리는 무엇을 믿고 고백해야 하는가에 대한 대답이 사도신경인 셈입니다. 그리고 이 사도신경의 내용을 믿고 고백하면 이 사람은 구원을 받습니다.

다음에 '구원받은 사람의 삶'이 이어집니다. 이 삶에서 십계명은 '하나님께서 무엇을 기뻐하시고 무엇을 싫어하시는가'를 비춰줍니다. 그렇다면 하이델베르크 교리문답이 이해하는 십계명은 단순한 율법이 아니라 **'하나님의 성품을 반영'**하는 것입니다(이것을 통상 "율법의 셋째 용법"이라고 합니다). 따라서 이때의 십계명은 '제약하는데' 목적이 있는 것이 아니라 '감사로서의 삶을 살아가기 위한 지침'이 됩니다.

머리말 : 신앙의 세 요지를 배워야 하는 이유

그리고 마지막으로 주기도문이 연결됩니다. 주기도문이 시작되는 주일인 45주일은 기도를 이렇게 정의합니다. "기도는 하나님께서 우리에게 요구하시는 감사의 가장 중요한 부분이며"(45주일 116문답).

이 말은 기도에 '감사기도'만 있다는 의미가 아닙니다. 이 말은 '기도의 내용', 곧 '무엇을 기도할까?'에 대한 것이 아니라 '기도 스스로의 본질적 성격'이 무엇인지를 말한 것입니다. 즉, **기도란 바로 '감사'**인 것이지요. 우리가 하나님께 기도하는 행위 자체가 '구원받은 그리스도인의 감사의 삶'임을 말하는 것입니다. 기도는 '하나님께 의지하는 행위'이고, 이것은 구원받은 사람만 가능합니다.

이렇게 교회 역사 속에서 사도신경, 십계명, 주기도문은 저마다의 강조점에 따라서 순서를 달리하여 교회 안에서 사용되어 왔습니다. 중요한 것은 '저마다의 차이'보다, 이 신앙의 세 요지의 '필수불가결함'입니다. 이것은 신자가 되기 위하여 '반드시 알아야만 할' 것들이며, 성경 전체를 한꺼번에 읽고 배울 수 없는 우리에게 가장 먼저 우선적으로, 그러면서도 가장 중요하게 가르쳐져야 할 것이 무엇인지를 잘 알려줍니다.

외국 개혁교회의 아이들은 학교에서 이미 초등학교 고학년에 들어가면 교리문답을 배웁니다. 우리나라에는 아직 학교 교과과정에서 성경이나 교리를 배우는 학교가 거의 없습니다. 그렇다면 교회는 어떻습니까? 교회 또한 이 신앙의 세 요지를 잘 가르치고 있습니까? 이것은 생명이 걸린 중요한 일입니다. 오늘날 아이들이 성인이 되면 너 나 할 것 없이 다 교회를 떠나는 이유는 배움의 시기에 있는 어린이와 청소년들에게 '이 생명의 원리'를 올바르게 잘 가르치는 데 실패했기 때문입니다. 교회는 이 사명을 직시하고, 온전히 생명을 드려 아 '신앙의 세 요지'를 가르치 는데 몰두해야 할 것입니다.

I.
사도신경

나는 삼위 하나님을
믿습니다

1과
창조와 섭리의 하나님

기록된 바 내가 너를 많은 민족의 조상으로 세웠다 하심과 같으니 그가 믿은 바 하나님은 죽은 자를 살리시며 없는 것을 있는 것으로 부르시는 이시니라

오늘의 교리문답 : 제9주일

26문 : "전능하신 성부 하나님, 천지의 창조주를 나는 믿사오며"라고 고백할 때 당신은 무엇을 믿습니까?

답 : 우리 주 예수 그리스도의 영원하신 아버지께서 아무것도 없는 중에서 하늘과 땅과 그 가운데 있는 모든 것을 창조하셨고 또한 그의 영원한 작정과 섭리로써 이 모든 것을 여전히 보존하고 다스리심을 믿으며 이 하나님께서 그의 아들 그리스도 때문에 나의 하나님과 나의 아버지가 되심을 나는 믿습니다.

그분을 전적으로 신뢰하기에 그가 나의 몸과 영혼에 필요한 모든 것을 채워주시며, 이 눈물 골짜기 같은 세상에서 당하게 하시는 어떠한 악도 합력하여 선을 이루게 하실 것을 나는 조금도 의심치 않습니다. 그는 전능하신 하나님이기에 그리하실 수 있고, 신실하신 아버지이기에 그리하기를 원하십니다.

들어가며

창세기 3장 19절 말씀을 통해서 오늘 주제를 함께 생각해 봅시다.

> **창 3:19**
> 네가 흙으로 돌아갈 때까지 얼굴에 땀을 흘려야 먹을 것을 먹으리니 네가 그것에서 취함을 입었음이라 너는 흙이니 흙으로 돌아갈 것이니라 하시니라

이 말씀에서 하나님은 사람에게 "너는 흙이니 흙으로 돌아갈 것이니라"라고 말씀하십니다. 이 말의 의미를 깊이 생각해 본 적이 있습니까?

1) 우리는 먼저 "너는 흙이니"라는 말에서 '우리 존재의 본질'이 무엇인지를 발견하게 됩니다. 이 말씀에 따르면 우리는 '흙'입니다. 비록 지금 우리는 매끈매끈하고 탄력 있는 피부, 또 그 속에는 단단하고 딱딱한 뼈들을 가지고 있는 것 같지만 그것은 세포와 유전자를 마음대로 조작하실 수 있는 하나님께서 우리를 그렇게 만드신 것이고, 원래 우리는 '흙'이었습니다. 성경이 가르쳐주는 우리 존재의 본질은 바로 '흙'입니다.

그러면 왜 지금의 우리는 '흙'이 아닌가요? 창세기 2장 7절은 이렇게 말씀합니다.

> **창 2:7**
> 여호와 하나님이 땅의 흙으로 사람을 지으시고 **생기를 그 코에 불어넣으시니** 사람이 생령이 되니라

'흙'과 '사람'의 차이가 무엇인가요? 어떻게 우리는 '원래 흙'이었는데

참된 신앙을 위한 세 하모니 : 사도신경, 십계명, 주기도문

'지금 사람'이 된 것입니까? '흙'이었던 우리가 '사람'이 되게 된 것에는 '어떤 작용'이 있었던 것입니까? 네, 그렇습니다. "생기"가 그 코에 불어넣어졌습니다! 말씀이 그렇게 말씀하고 있죠!

> 땅의 흙
> 생기를 불어넣다.
> 사람이 생령이 되었다.

즉, 원래 흙이었던 우리가 사람이 된 것은 흙 속에 생기, 곧 '하나님의 영'이 불어넣어졌기 때문입니다. 그렇다면 무생물이었던 흙이 사람이 되기 위해 그 속에 작용하는 것은 '하나님의 영'이신 생기입니다. 하나님의 영이 불어넣어지면 무생물에 불과했던 '흙'이 '사람'이 되는 것입니다.

질문 1. 사람과 흙으로 만든 인형과의 결정적인 차이는 무엇입니까?

_____

_____

_____

2) 그러면 거꾸로 창세기 3장 19절의 뒷부분 말씀도 생각해 봅시다. "너는 흙이니"라는 말씀 다음으로 "흙으로 돌아갈 것이니라"라고도 말씀합니다. 이 말은 무슨 의미입니까? 앞의 문구가 우리의 '시작'에 관한 것이라면, 이 문구는 우리의 '결국'에 관한 것입니다. 처음에 흙이었던 우리에게 '하나님의 영'이 불어넣어지니까 인간이 되었는데, 죽을 때 하나님께서

그 영을 거두어 가시면 다시 원래의 '흙'으로 돌아간다는 것입니다.

그렇다면 여기서도 동시에 앞서 발견한 것과 동일한 주제를 발견할 수 있습니다. 우리는 '흙'이었는데, '하나님의 영'이 불어넣어지자 '사람'이 되었습니다. 그런데 거꾸로 하나님께서 그 영을 도로 가져가시면, 우리는 다시 '흙'이 되고 맙니다. 즉, 우리가 흙이냐 사람이냐를 결정하는 것은 우리에게 달려 있지 않습니다. 우리가 흙이냐 사람이냐는 결정적으로 **'하나님의 영'이 거기 계신지 아니 계신지**에 달려있는 것입니다.

토론 1 "하나님의 영이 계시지 않으면 나는 흙에 불과하다"는 생각을 해본 적이 있습니까? 이런 생각을 하니까 어떤 느낌이 드나요? 또 내가 흙에 불과하다거나 또 결국 흙으로 돌아간다거나 하는 것을 배우게 되면 내 삶, 내 인생이라는 것은 어떻게 느껴지나요? 허무해지거나 슬퍼집니까? 아니면 무언가 의욕이 생기나요? 그렇지 않으면 다른 어떤 생각이 듭니까?

_____

_____

_____

1. 무(無)로부터의 창조

여기에서 한 걸음 더 나아가 조금 더 생각해 보도록 합시다. 우리는 앞에서 인간이 '원래는 흙'이라고 하였습니다. 그리고 '나중에 다시 흙으로 돌아간다'고도 하였습니다. 하나님의 영이 불어넣어지면 흙은 사람이 되고, 그 영이 빠져나가게 되면 사람은 다시 흙이 됩니다.

참된 신앙을 위한 세 하모니 : 사도신경, 십계명, 주기도문

그러면 '흙'은 무엇입니까? 사람이 원래 흙이라는 말의 뜻은 '흙'이 모든 우주의 근원이라는 의미입니까? 사람이 흙으로 만들어졌다면 그 '흙'은 어디에서 왔습니까? 흙은 원래부터 항상 있었습니까?

우리는 성경을 통해서 그렇지 않다는 것을 알 수 있습니다. 이 세계, 그리고 온 우주는 하나님께서 '창조'하신 것입니다. 이 말은 '하나님께서 창조하시기 전에는 아무것도 없었다'는 뜻입니다. 그렇다면 창조 이전에는 당연히 '흙'도 없었습니다.

그렇다면 이제 결론을 내릴 수 있게 됩니다. 곧 온 우주의 모든 물질은 전부 **'무'로부터** 왔다는 것 말입니다. 원래는 아무것도 없었습니다. 하나님께서 '말씀'하시자 생겨났습니다. 그 하나님의 말씀이 없었을 때는 '무', 곧 아무것도 없었습니다. 이 세상, 그리고 온 우주는 '없었던' 적이 있었습니다. 아예 '존재' 자체가 아무것도 없었던 적이 있었습니다. 바로 이런 '무'로부터 하나님께서 창조를 시작하셨고, 하나님께서 창조를 시작하시자 '무', 곧 '없었던 것'으로부터 '존재', 곧 '있음'이 시작되었습니다.

질문 2. 말하자면 우리는 이 전체 우주에 대하여 이렇게 말할 수 있습니다. 괄호를 채워볼까요?

(ㅁ), 곧 아무것도 없었다.
하나님이 (ㅁ ㅆ)하셨고
이제는 '(ㅈ ㅈ)하게' 되었다.

앞에서 배운 것과 비슷하지 않습니까? 사람은 '흙'이었습니다. 그런데 하나님의 영이 불어넣어지자 '인간'이 되었습니다. 온 우주는 '무'였습니다. 그런데 하나님께서 말씀하시자 '있게' 되었습니다. 같은 원리입니다. 존재는 '스스로' 있게 되지 않았고, 오직 '하나님'께로부터만 옵니다.

이것을 교리문답이 어떻게 말하는지 봅시다.

제9주일

26문 : "전능하신 성부 하나님, 천지의 창조주를 나는 믿사오며"라고 고백할 때 당신은 무엇을 믿습니까?

답 : 우리 주 예수 그리스도의 영원하신 아버지께서 아무것도 없는 중에서 하늘과 땅과 그 가운데 있는 모든 것을 창조하셨고…

하나님의 창조는 "아무것도 없는 중에" 된 것입니다. 그야말로 아무것도 없었습니다. 그러므로 하나님의 개입이 없다면 우주의 모든 것의 원래 모습은 '무'입니다. 아무것도 없습니다. 여기서 우리는 이 세상에 존재하는 모든 것이 어디로부터 왔는지를 알게 됩니다. 세상의 모든 것들은 전부 '무'로부터 왔습니다. 그 어떤 것도 '스스로 존재'한 것은 없었고, 그야말로 '아무것도 없었으나' 하나님께서 지으신 것입니다.

토론 2 '무'라는 것이 무엇인지 생각해 봅시다. 그것은 '빈 공간'을 의미합니까? 아닙니다. '빈 공간'은 '공간이라는 것'이 '있는 것'입니다. 심지어 '시간'도 생각해 봅시다. 시간이 흘러가고 있다는 것은 '무'가 아니라는 말입니다. 시간은 하나님이 처음 빛을 지으실 때 존재하기 시작했습니다. 즉, '시간도 존재하지 않았던 때'가 있었습니다. 하나님께서 "무로부터 세상을 지으셨다"는 것은 '그야말로 아무것도 존재하지 않았던 때'가 있었다는 것입니다. 오직 하나님께서 '창조'하셔야만 모든 것이 '존재할 수 있게' 되니다. 이 이야기를 듣고난 후 어떤 생각이 듭니까? 우리가 살고 있는 이 세계가 아주 신비롭지 않습니까?

_____

_____

_____

2. 생명 주시는 하나님

이 사실을 진지하게 생각해 보면 우주에 존재하는 모든 것의 '있음', 곧 '존재'의 근원이 무엇인지를 분명하게 깨닫게 됩니다. '하나님이 거기 있게 하시면' 우주도 거기 있고, '하나님께서 그 존재를 거두어 가 버리시면' 우주는 존재 자체가 없어져 버립니다. 세상의 그 무엇도 '있게' 되는 것은 창조주이신 하나님 때문입니다. 오직 하나님께서 '있게' 하시고, '생명'을 불어넣어 주십니다. 거꾸로 말하자면 하나님께서 그렇게 해 주시지 않으면 그 어떤 것도 자기 스스로 존재할 수가 없고, 그 어떤 것도 자기 스스로 생명이 있을 수가 없는 것입니다. 오직 하나님만이 '생명의 근원'입니다. 로마서는 이것을 다음과 같이 말하였습니다.

> **롬 4:17**
> 기록된 바 내가 너를 많은 민족의 조상으로 세웠다 하심과 같으니 그가 믿은 바 하나님은 죽은 자를 살리시며 없는 것을 있는 것으로 부르시는 이시니라

문 3. 두 부분으로 나누어져 있죠?

하나님은 죽은 자를 (　　　　)시고,
없는 것을 (　　　　)는 것으로 부르시는 분입니다.

로마서는 하나님을 말할 때 "죽은 자를 살리시며", "없는 것을 있는 것으로 부르시는 이"라고 하였습니다. "죽은 자를 살리신다"는 것은 하나님께서 '생명을 주신다'는 뜻이고, "없는 것을 있는 것으로 부르신다"는 것은 '무로부터의 창조', 곧 '없는 것으로부터 있는 것을 만드신다'는 의미입니다.

그렇습니다. 온 우주가 오직 하나님을 통해서만 생명을 얻고 존재하고 있습니다. 하나님이 여기에서 손을 떼버리시면 모든 것으로부터 즉시 생명이 사라져 버릴 것이고, 존재가 없어져 버릴 것입니다. 하나님만이 이 모든 생명과 존재의 근원입니다.

토론 3 '생명'에 대해 생각해 볼까요? 현미경으로 작은 세포를 관찰하거나 혹은 유튜브 영상 같은 것으로 아주 작은 세계를 찍은 것을 본 적이 있나요? 생명은 정말로 신비롭습니다. 엄청나게 커다란 캥거루의 새끼가 처음 엄마의 배 주머니 속에 있었을 때 얼마나 작았는지를 아는 사람이라면, 생명이란 정말 신비롭다는 것을 잘 알 것입니다. 물속에서 엄청나게 오래 있을 수 있는 향유고래들이 어떻게 숨을 참을 수 있는지를 생각해 보면 생명의 신비는 정말 놀랍습니다. '생명의 신비'라는 주제로 이야기를 해 볼까요? 내가 아는 예들을 한번 말해 봅시다. 그리고 그 생명을 주시는 분이 하나님이시라는 것을 나는 어떻게 깨닫고 느끼고 있는지

참된 신앙을 위한 세 하모니 : 사도신경, 십계명, 주기도문

도 나누어 봅시다.

_____

_____

_____

3. 컨트롤러! 움직이고 계시는 하나님

그리고 하나님은 이 모든 세계를 '**지으실' 뿐만 아니라 '유지**'하십니다. 하나님은 만들어 놓으신 후에 "옛다, 모르겠다!" 하고 내팽개치지 않으시고 끊임없이 A/S를 하시는 것입니다.

교리문답은 이 주제를 이렇게 고백했습니다.

제10주일

27문 : 하나님의 섭리란 무엇입니까?

답 : 섭리란 하나님의 전능하고 언제 어디나 미치는 능력으로, 하나님께서 마치 자신의 손으로 하듯이 하늘과 땅과 모든 피조물을 여전히 보존하고 다스리시는 것입니다. 그리하여 잎새와 풀, 비와 가뭄, 풍년과 흉년, 먹을 것과 마실 것, 건강과 질병, 부와 가난, 참으로 이 모든 것이 우연이 아니라 아버지와 같은 그의 손길로 우리에게 임합니다.

이것을 "**섭리**"라고 합니다. 하나님이 "창조"하신 후에도 그것을 계속해서 돌보시는 것, 이것을 "섭리"라고 합니다.

질문 4. 창조와 섭리를 구분해서 말해 볼까요?

창조는 하나님께서 (　　　　　　)시는 것을 말합니다.
섭리는 하나님께서 (　　　　　　)시는 것을 말합니다.

그런데 이 교리문답이 섭리를 설명하는 방식을 잘 보십시오.

비도 섭리이지만, 가뭄도 섭리입니다.
풍년도 섭리이지만, 흉년도 섭리입니다.
건강도 섭리이지만, 질병도 섭리입니다.
부도 섭리이지만, 가난도 섭리입니다.

마치 어린아이가 엄마 아빠가 하는 일을 다 이해하지 못하는 것처럼, 엔지니어가 작업해 놓은 고도의 숙련된 작업을 회계 일을 하는 직원이 다 이해할 수 없는 것처럼, 하나님께서 이 세상을 온통 움직이시지만 우리는 그움직임의 이유를 다 알 수는 없습니다.

그러나 한 가지 분명한 것이 있는데 그것은 '하나님께서' 분명히 그렇게 움직이고 계시다는 사실이고, 또 이렇게 움직이고 계시는 하나님은 "우리의 아버지"라는 사실입니다. 하나님은 '아빠'시기 때문에 우리에게 나쁜 것을 주지 않으십니다. 27문답의 마지막 부분을 잘 보십시오.

우연이 아니라 아버지와 같은 그의 손길로 우리에게 임합니다

하나님의 손길은 '아빠의 손길'입니다. 그렇다면 "비"를 내리시는 분도

하나님이시지만 "가뭄"을 주시는 분도 하나님이시고, 이것은 '아빠의 손길' 로 주시는 것입니다. 나는 "건강할" 때도 있지만 가끔은 "질병에 걸리기도" 합니다. 그런데 이 둘 모두 하나님께서 '아빠의 손길'로 주시는 것입니다.

그렇습니다. 분명한 것은 우리가 살아가면서 만나는 모든 일이 하나님 께서 주시는 일이라는 것이고, 동시에 그 일은 '아빠의 손길'로 주시는 일 이라는 사실입니다. 그렇다면 우리는 어떤 마음을 가질 수 있습니까? 내가 잘 알지 못하는 일, 혹은 나에게 별로 좋지 못해 보이는 일을 만나더라도 별로 걱정할 필요가 없습니다. 왜냐하면 그 일 또한 '하나님께서' 주시고, '아빠의 손길로' 주시는 일일 것이기 때문입니다.

우리는 이렇게 든든하고 분명한 하나님의 돌보심 속에 살아가고 있습 니다. 그러므로 어렵거나 힘든 일을 만나더라도 너무 염려하지 마십시오. 하나님께서 지금도 우리를 돌보고 계시니까 말입니다.

토론 4 9주일 26문답을 전체적으로 다시 읽어 봅시다.

제9주일

26문 : "전능하신 성부 하나님, 천지의 창조주를 나는 믿사오며"라고 고백할 때 당 신은 무엇을 믿습니까?

답 : 우리 주 예수 그리스도의 영원하신 아버지께서 아무것도 없는 중에서 하늘과 땅과 그 가운데 있는 모든 것을 창조하셨고 또한 그의 영원한 작정과 섭리로써 이 모든 것을 여전히 보존하고 다스리심을 믿으며 이 하나님께서 그의 아들 그 리스도 때문에 나의 하나님과 나의 아버지가 되심을 나는 믿습니다.

그분을 전적으로 신뢰하기에 그가 나의 몸과 영혼에 필요한 모든 것을 채워주 시며, 이 눈물 골짜기 같은 세상에서 당하게 하시는 어떠한 악도 합력하여 선 을 이루게 하실 것을 나는 조금도 의심치 않습니다. 그는 전능하신 하나님이기 에 그리하실 수 있고, 신실하신 아버지이기에 그리하기를 원하십니다.

특히 '마지막 부분'에 주목해 보십시오. 교리문답은 우리가 살아가면서 염려하지 않아도 되는 이유를 "이 눈물 골짜기 같은 세상에서 당하게 하시는 어떠한 악도 합력하여 선을 이루게 하실 것을 나는 조금도 의심치 않습니다"라고 하면서 "그는 전능하신 하나님이기에 그리하실 수 있고, 신실하신 아버지이기에 그리하기를 원하십니다"라고 하였습니다. "전능하시기 때문에" 모든 것이 가능하십니다. 아빠인데 능력이 부족하여 할 수 없는 일이 하나님께는 없습니다. "아버지시기 때문에" 우리를 위해서 하십니다. 전능하신데 나에게 나쁜 짓을 하시거나 골려주는 방식으로 일하지 않으십니다.

이 고백을 읽고 나는 어떤 생각을 하게 됩니까? 지금 내가 가장 고민하고 있는 문제는 무엇인가요? 이 문제에 대해 하나님의 인도하심을 믿습니까? 나는 이 고백을 배움으로써, 진짜 내 삶의 문제들에 대하여 안심할 수 있게 됩니까?

_____

_____

_____

참된 신앙을 위한 세 하모니 : 사도신경, 십계명, 주기도문

2과
하나님의 아들의 십자가

오늘 읽을 말씀 : 갈라디아서 3장 13절

그리스도께서 우리를 위하여 저주를 받은 바 되사 율법의 저주에서 우리를 속량하셨으니 기록된 바 **나무에 달린 자마다 저주 아래에 있는 자**라 하였음이라

오늘의 교리문답 : 제15주일

39문 : 그리스도께서 "십자가에 못 박히심"은 달리 돌아가신 것보다 특별한 의미가 있습니까?

답 : 그렇습니다. 십자가에 달린 자는 하나님께 저주를 받은 자이므로 그가 십자가에 달리심은 내게 임한 저주를 대신 받은 것이라고 나는 확신하게 됩니다.

들어가며

마이클 리브스(Michael Reeves)는 『선하신 하나님』에서 이슬람교의 알라에 대해 아주 흥미로운 이야기를 합니다.

알라는 전통적으로 아흔아홉 가지 이름을 가지고 있으며, 이런 명칭들은 그가 영원 전에 스스로 있을 때의 모습들을 묘사한다고 한다. "사랑하는 자(알-와두드)"도 그중 하나다. 하지만 알라는 영원 전에 어떻게 사랑할 수 있었을까? 그가 창조하기 전에는 그가 사랑할 수 있는 어떤 것도 존재하지 않았는데 말이다. 그리고 이 이름은 자기 중심적인 사랑이 아닌 다른 존재를 향한 사랑의 의미를 담고 있다. … 하지만 그렇게 말할 경우 큰 문제가 야기된다. 만약 알라가 자신의 명칭에 걸맞는 사랑하는 존재가 되기 위해 피조물을 필요로 한다면 알라는 자신의 피조물에 의존하고 있다는 말이 된다. 그런데 이슬람교의 핵심적인 신앙의 내용 가운데 하나가 알라는 아무것도 의존하지 않는다는 것이다(마이클 리브스, 『선하신 하나님』, 복 있는 사람, 65).

유일신을 믿는 신앙의 결정적인 어려움 중의 하나가 바로 이 문제, 곧 "'완전'하다면 다른 대상이 필요 없는데 왜 신이 세계나 인간을 창조하며 또 사랑할 '필요'가 있는가?"라는 문제입니다. 그렇습니다. 신이 정말 완전하다면 신에게는 피조 세계가 필요 없습니다. 사랑할 대상인 인간도 필요 없습니다. 만약 신이 '사랑할 대상으로서의 인간'이 필요하다면, 그 신은 '불완전한 존재'가 됩니다. 사랑할 대상에 기대 있으니 말입니다.

문 1. 스스로 '완전한 존재'에게는 무엇이 필요 없습니까?

_____

_____

_____

참된 신앙을 위한 세 하모니 : 사도신경, 십계명, 주기도문

이런 딜레마에서 완전하게 벗어나 있는 종교야말로 기독교입니다. 왜냐하면 우리가 믿는 하나님은 '유일신'이시지만 동시에 그분의 존재 형식에 있어서는 '삼위일체'이시기 때문입니다. 말하자면 하나님은 **애초에 '교제'를 가지신 분**입니다. 그분의 존재의 근원 자체에 이미 성부는 성자에게 자신을 주시고, 성자 또한 성부께 자신을 주시며, 성령 또한 그러합니다. 즉, 우리가 믿는 하나님은 애초에 '홀로 독단적으로 계신' 분이 아니라 **'사랑하고 자신을 주는 존재'**이십니다.

"하나님이 왜 인간을 사랑하셔?"라는 질문에 대한 대답은 어렵지 않습니다. 만약 누군가가 사랑한다고 하면서 그 사랑을 빌미로 하여 재산을 착복하려 한다면, 우리는 그를 보고 "사랑이다"라고 하지 않을 것입니다. 사랑이 '수단'이 되는 순간 사랑은 왜곡됩니다. 사랑은 그 자체가 본질이어야 합니다. "하나님이 왜 인간을 사랑하셔?"에 대한 대답은 "그것이 하나님의 본질이기 때문이다"입니다. 하나님은 우주에 홀로 외로이 계셔서 자신의 외로움을 달래기 위해 인간을 짓고 파트너로 삼으신 것이 아닙니다. 만약 이것이 사실이라면, 하나님은 사랑의 대상을 '자신의 외로움 해소를 위한 수단으로' 삼으신 것이 됩니다. 이런 것은 사랑이 아닙니다.

오히려 하나님의 사랑은 그 자체가 목적입니다. 그분은 우리를 '사랑하기 위하여' 사랑하셨습니다. 왜냐하면 타(他)를 향한 흘러넘치는 사랑! 그것이야말로 우리 하나님의 본질이기 때문입니다. 그래서 요한일서는 "하나님이 우리를 사랑하시는 사랑을 우리가 알고 믿었노니, 하나님은 사랑이시라"(요일 4:16)라고 말합니다.

토론 1 하나님이 우리를 사랑하시는 것은 '수단'이 아니라 '목적'입니다. 우리가 주변에서 볼 수 있는 예들 중 '수단으로써의 사랑'의 예들과 '사랑 그 자체가 목적인 경우의 사랑'의 예들을 한번 이야기해 봅시다. 그리고 이야기의 결론으로 "하나님은 사랑 자체가 목적이셔"라는 말의 의미를, 내가 이해한 대로 나누어 봅시다.

―――――――――――――――――――――――――――――――――――

―――――――――――――――――――――――――――――――――――

―――――――――――――――――――――――――――――――――――

1. 아들을 보내신 하나님의 사랑

하이델베르크 교리문답 33문답은 사도신경에서 예수님을 "하나님의 독생자"라고 부른 것에 대한 해설을 담고 있습니다. 33문답을 같이 볼까요?

> **제13주일**
> **33문 : 우리 역시 하나님의 자녀인데, 그분을 왜 "하나님의 독생자"라 부릅니까?**
> **답 :** 왜냐하면 **오직 그리스도만** 본질로 하나님의 영원한 아들이시기 때문입니다.
> 우리는 그리스도로 말미암아 은혜로 **입양된** 하나님의 자녀입니다.

이 문답은 "우리도 하나님의 자녀인데 왜 예수님을 독생자, 곧 '유일한 아들'이라고 하는 거야?"라는 질문과 그에 대한 대답입니다. 그리고 이 문답은 두 가지 놀라운 내용을 동시에 담고 있습니다.

첫째는, "본질로"라는 말이 보여주고 있는 중요한 특징입니다. 하나님께는 아들이 한 분밖에 없습니다. 즉, "본질에 있어서" 하나님의 아들은 성

참된 신앙을 위한 세 하모니 : 사도신경, 십계명, 주기도문

자 한 분뿐입니다. 요한복음이 이것을 잘 보여주는데, 요한복음에서 사람들인 우리를 하나님의 자녀라고 부를 때는 "하나님의 자녀"라고 하면서 '테크논'을 씁니다. 하지만 예수님을 부를 때는 "하나님의 아들"이라고 하면서 '휘오스'를 씁니다. 우리는 '테크논'이지만 '휘오스'는 아닙니다. 즉, 여기에는 '현격한 차이'가 있습니다. 교리문답은 이것을 정리하여 이렇게 말한 것입니다. "우리는 입양된 자녀입니다!"

그렇습니다. "본질로" 하나님의 아들인 분은 성자이신 예수님 한 분뿐입니다. 우리는 본질에 있어서 하나님의 자녀는 아닙니다. 그래서 우리는 '입양된' 자녀들일 뿐이고, 이 점에서 우리가 기억해야 할 첫 번째 사실은 '현격한 차이'입니다. 예수님과 우리는 "본질에 있어서"는 다른 존재입니다.

문 2. 성자 예수님이 본질에 있어서 우리와 다르다는 것은 별로 어렵지 않습니다.

예수님은 본질적으로 (ㅅ)입니다.
우리는 본질적으로 (ㅍ ㅈ ㅁ)입니다.

그러나 둘째는, 그럼에도 불구하고 놀라운 사실, 곧 하나님이 우리를 자녀로 쳐주셨다는 것입니다. 요한복음 1장 12절은 "영접하는 자 곧 그 이름을 믿는 자들에게는 하나님의 자녀가 되는 권세를 주셨으니"라고 하였습니다. 우리는 자녀가 아니었지만(죄 가운데 있을 때는 사탄의 자녀였습니다) 자녀가 되었습니다! 양자 됨, 곧 '입양'을 통하여 우리는 하나님의 자녀가 되었습니다! 우리는 마치 예수님 '처럼' 하나님의 아들, 딸이 되었습니다! 그래서 히브리서는 예수님을 '맏아들'이라고 하고, 우리들은 그 예수님을 '형', '오빠'로 둔 동생들이라고 표현합니다.

> **히 2:11**
> ··· 그러므로 형제라 부르기를 부끄러워하지 아니하시고

토론 2 하나님의 사랑이 낳은 결과물은, 우리가 하나님께 '자녀'가 되었다는 것입니다. 우리는 사실 하나님을 저버리고 사탄의 자녀들이 되어 버린 악한 사람들이었습니다. 하지만 하나님은 '진짜 아들'이신 예수님을 이 땅에 보내시는 방법을 통해서, 우리를 입양하시기를 주저하지 않으셨습니다. 이렇게 생각해 봅시다. 유기견 센터에 버려져 있는 멍멍이를 입양할 때처럼, 고아원에 버려져 있는 나를 친절하신 아빠 되실 분이 오셔서 입양을 해 주셨습니다. 이럴 때 우리는 어떤 마음일까요? 하나님을 멀리 떠난 우리를 입양하시기 위하여 아들 예수님을 이 땅에 보내신 하나님께 우리는 어떤 마음을 가지게 됩니까?

---

2. 이 하나님께서 우리를 입양하시기 위해 일하시는 방식

그러면 다음으로, 이 하나님께서 우리를 자녀로 삼으시기 위해 선택하신 방법을 묵상해 봅시다. 하나님께서 사탄의 자녀가 되어 버린 우리를 다

시 하나님의 자녀로 만드시기 위해서, 이 입양을 위해서 선택하신 방식은 무엇이었을까요? 이것을 하이델베르크 교리문답의 정리를 통해 요약해 봅시다.

> **제3주일**
>
> **6문 : 그러면 하나님께서는 사람을 그렇게 악하고 패역한 상태로 창조하셨습니까?**
>
> **답 :** 아닙니다. 하나님은 사람을 선하게, 또한 자신의 형상, 곧 참된 의와 거룩함으로 창조하셨습니다. 이것은 사람으로 하여금 자신의 창조주 하나님을 바르게 알고 마음으로 사랑하며, 영원한 복락 가운데서 그와 함께 살고 그리하여 그분께 찬양과 영광을 돌리기 위함입니다.

하이델베르크 교리문답의 앞부분을 보면, 왜 우리에게 예수님이 필요한지를 논리적으로 설명하는 부분이 나옵니다. 이것은 종교개혁자들이 중세의 안셀무스(Anselmus)의 구속론을 적극적으로 차용한 것입니다.

제3주일 6문답은 먼저 이렇게 묻습니다. "사람이 지금처럼 이렇게 죄 가운데 머물게 된 것은 원래 하나님의 계획이었나?" 그리고 대답은 "아닙니다"입니다. 오히려 교리문답의 대답은 "아니야, 하나님은 원래 사람을 선하게 지으셨어! 하나님은 사람을 자신의 형상으로 지으셨어!"입니다. 하나님은 애초에 사람이 이렇게 죄로 말미암아 타락하고 죽도록 계획하셨던 것이 아닙니다.

> **제4주일**
>
> **9문 : 하나님께서 사람이 행할 수 없는 것을 그의 율법에서 요구하신다면 이것은 부당한 일이 아닙니까?**
>
> **답 :** 아닙니다. 하나님은 사람이 행할 수 있도록 창조하셨으나, 사람은 마귀의 꾐에 빠져 고의로 불순종하였고, 그 결과 자기 자신 뿐 아니라 그의 모든 후손도 하나님의 그러한 선물들을 상실하게 되었습니다. 이어지는 질문은 이것입니다.

"좋아! 하나님이 원래 그렇게 짓지 않으신 것은 이해했어! 하지만 만약에 하나님이 사람을 선하게 지었더라도, 결국에 선과 악의 선택지에서 악을 선택하도록 강한 유혹을 받을 수밖에 없는 존재라면, 결국 하나님은 사람이 죄에 빠지도록 조장하신 것이 될 수밖에 없는 거잖아!"

제4주일 9문답은 이에 대한 대답입니다. 답은 "아니다"입니다. 교리문답은 아주 강하게 "하나님은 사람이 행할 수 있도록 창조하셨다"라고 대답합니다. 이 말의 뜻은 지금의 우리야 모두 죄에 몸을 푹 잠그고 있기 때문에 아무도 범죄 이전의 아담과 하와의 상황을 이해할 수가 없지만, 당시의 아담에게는 '선을 향한 의지'가 '악을 향한 의지'보다 훨씬 더 강력했고, 당연히 선을 '충분히' 행할 수 있었다는 의미입니다. 하나님은 '사람이 빠질 수밖에 없는 함정'을 파신 것이 아닙니다. 오히려 하나님은 죄의 유혹을 능히 이길 수 있는 '강력한 인간'을 만드셨고, 따라서 아담은 '충분히' 그 죄의 유혹을 이기고 선을 행할 수가 있었습니다.

하나님께서 사람을 이렇게 만드셨으니, 사람이 죄에 빠진 책임은 하나님께는 없습니다. 절벽을 향한 모든 경고 표지판과 철창과 울타리를 모조리 박살내고 절벽에서 떨어져 죽었다면, 그 표지판과 철창과 울타리를 설치한 이를 나무랄 수는 없는 것과 같습니다.

문 3. 하나님은 애초에 사람을 죄에 빠뜨리기 위한 목적을 가지고 있었습니까? 예, 아니오로 대답해 봅시다. 그러면 지은 죄에 대한 책임은 전적으로 누구에게 있습니까?

이제 앞의 모든 결과들을 승복할 때 "그러면 어떻게 여기에서 탈출할 수 있을까요?"라는 질문으로 전환됩니다. 우리는 이 비참한 상황에서 어떻게 탈출할 수 있겠습니까? 제5주일 12문답은 '하나님의 성품'을 말하고 있습니다. 그 하나님의 성품이란, "하나님의 공의는 죄에 대한 응당의 형벌을 요구한다"는 것입니다. 즉, 죄는 대가를 치러야 합니다. 하나님의 공의는 죄에 대한 대가를 요구합니다.

그러면 "우리가 그 대가를 치를 수 있을까요?" 이것이 13문답입니다. 대답은

결코 그렇지 않습니다. 오히려 우리는 날마다 우리의 죄책을 증가시킬 뿐입니다

입니다. 그러면 "우리 대신에 다른 누군가가 대가를 치를 수 있을까요?"라고 물을 수도 있겠습니다. 이것이 14문답입니다. 대답은 두 가지인데,

첫째, 하나님의 의는 인간이 지은 죄를 다른 피조물이 받는 것을 원치 않는다

둘째, 설령 그것이 가능하다 해도, 그 죄의 크기가 너무 커서 어떤 피조물도 능히 그 대가를 치러낼 수가 없다

입니다.

그러면 어떻게 해야 할까요? 첫째 요소를 충족시키자면 죄의 대가를 치르는 이는 '사람'이어야 합니다. 둘째 요소를 충족시키자면 그 무거운 죄의 짐을 질 수 있는 존재, 곧 '하나님'이어야 합니다. 그래서 15문답은 이렇게 말하는 것입니다.

제5주일
15문 : 그렇다면 우리는 어떠한 중보자와 구원자를 찾아야 합니까?
답 : 참 인간이고 의로운 분이시나, 동시에 참 하나님이고 모든 피조물보다 능력이 뛰어나신 분입니다.

토론 3 앞서 배운 내용을 한 사람이 정리해 봅시다. 옆의 친구들이 도와주면서 퍼즐을 완성해도 좋습니다. 다 되었다면 이제 이 질문에 대답해 보도록 합시다. 왜 하나님께서는 '성육신', 곧 '하나님이신 분이 사람이 되셔야만' 했습니까? 우리를 구원하기 위하여 하나님은 왜 반드시 이 방식을 선택하셔야만 했습니까?

_____

_____

참된 신앙을 위한 세 하모니 : 사도신경, 십계명, 주기도문

3. 예수님께서 십자가를 지셔서 이루신 일

그러면 이제 하나님께서 '선택하신 방법'인 '십자가'를 생각해 보겠습니다. 갈라디아서 3장 13절 말씀은 예수님께서 십자가를 지신 이유를 **"나무에 달린 자는 하나님께 저주를 받은 자이기 때문이다"**라고 정리합니다.

> **갈 3:13**
> 그리스도께서 우리를 위하여 저주를 받은 바 되사 율법의 저주에서 우리를 속량하셨으니 기록된 바 나무에 달린 자마다 저주 아래에 있는 자라 하였음이라

이 말씀은 신명기에서 가져온 것인데 신명기에는 이렇게 되어 있습니다.

> **신 21:23**
> 그 시체를 나무 위에 밤새도록 두지 말고 그날에 장사하여 네 하나님 여호와께서 네게 기업으로 주시는 땅을 더럽히지 말라 나무에 달린 자는 하나님께 저주를 받았음이니라

우리는 보통 예수님께서 십자가에 달려 돌아가시는 '방법'을 선택하신 것에 대해서는 크게 생각하지 않을 때가 많습니다. 그저 '로마의 가장 잔인한 사형 방법' 정도로 생각합니다. 하지만 성경을 보면 예수님께서 십자가에서 죽으신 것은 정말로 중요한 의미가 있습니다. 예수님은 십자가에서 죽으심으로써 "이 사람은 하나님께 저주를 받은 사람이다!"라고 크게 외치는 것이 되기 때문입니다.

문 4. 예수님이 굳이 다른 방식이 아닌 '십자가', 곧 '나무'에 달려 죽으신 이유를 이해했나요? 예수님이 나무에 달려 죽으신 이유는 무엇입니까?

_____

_____

_____

이때 "저주를 받았다"라는 말, 히브리어 '켈랄라'의 의미는 '복되고 의로운 상태의 부재'라고 할 수 있습니다. 쉽게 말하자면 '복의 반대편'입니다. '복의 반대말'입니다. 그러면 어떤 복의 반대편일까요?

성경에는 신명기 외에 "나무에 달리는 자"의 이야기가 여호수아 8장과 10장 두 부분에 나오는데, 이 사이에 끼어 있는 여호수아 9장의 이야기는 '기브온 족속 이야기'입니다. 기브온 족속은 이스라엘이 가나안 땅을 정복할 때, 거기 살았던 민족들 중에 큰 족속 중 하나였습니다. 그런데 이들은 이스라엘의 하나님을 믿기로 작정하였고, 그래서 계책을 써서 이스라엘에게 받아들여집니다.

> **수 9:3-6**
> 기브온 주민들이 여호수아가 여리고와 아이에 행한 일을 듣고 꾀를 내어 사신의 모양을 꾸미되 해어진 전대와 해어지고 찢어져서 기운 가죽 포도주 부대를 나귀에 싣고 그 발에는 낡아서 기운 신을 신고 낡은 옷을 입고 다 마르고 곰팡이가 난 떡을 준비하고 그들이 길갈 진영으로 가서 여호수아에게 이르러 그와 이스라엘 사람들에게 이르되 우리는 먼 나라에서 왔나이다 이제 우리와 조약을 맺읍시다 하니

그런데 이 9장의 이야기를 양쪽으로 끼고 있는 8장과 10장의 이야기는

참된 신앙을 위한 세 하모니 : 사도신경, 십계명, 주기도문

같은 가나안 땅에서 이스라엘과 맞서 싸운 왕들의 이야기입니다. 성경은 이렇게 이스라엘에게 저항하여 맞서 싸운 왕들을 "나무에 매어 달라"고 명령하고 있습니다.

이 이야기를 잘 생각해 보면, 예수님께서 나무에 달리심으로써 받게 된 '복의 반대편'이 무엇인지를 깨닫게 됩니다. 기브온이 받았던 복은 '이스라엘 안에, 곧 하나님의 행복한 백성의 무리 안에' 편입되는 것이었고, 맞서 싸운 왕들이 받은 대가는 '나무에 매어 달리는 것'이었습니다. 그렇다면 이때의 복은 '하나님의 행복한 백성이 되는 것'이고, 이 복의 반대편은 '하나님의 외면에 처하게 되는 것'입니다.

예수님께서 나무에 달리셔서 받으신 형벌은 "나무에 달린 자는 하나님께 저주를 받은 자다!"라는 선언입니다. 그러면 그때 예수님은 '어떤 저주'를 받으셨나요? **하나님과의 행복한 교제 속에서 '끊어지는 것'**입니다. 하나님의 유일한 아들이신 분께서 하나님과의 행복한 교제로부터 끊어지는 일, 그것이 바로 예수님께서 당하신 일입니다.

여러분은 혹시 아주 어렸을 때, 마트에서 혹은 시끌벅적한 워터파크 안에서 엄마 아빠를 잃어버렸던 적이 있습니까? 그런 경험이 있는 사람들은 '그 공포'를 압니다. 엄마가 없다는 공포! 아빠가 없다는 공포! 그런데 예수님께서 십자가를 지셨다는 것은 그 정도의 문제가 아니라 하나님께 외면당하고, 하나님께 버림을 받게 되는 무시무시한 공포였습니다.

왜 예수님께서는 이렇게 나무에 달리시는 길을 선택하셨나요? 하나님께서 우리 인간들을 사랑하셨고, 우리를 구원하기 위해서는 다른 길이 없으셨기 때문입니다. 보잘것없는 우리를 위하여 하나님께서 행하신 일이 놀랍지 않습니까!

토론 4 하나님과의 행복한 교제로부터 끊어져 버림받게 된 예수님을 묵상합시다. 하나님께서 예수님을 보내셔서 '십자가'를 지게 하신 것은 내가 받아야만 할 커다란 형벌을 예수님을 통하여 친히 받으시고자 함이었습니다. 하나님은 유일하신 아들이신 예수님을 '저주'하심으로써 우리를 구원하셨습니다. 이 놀라운 은혜를 나는 알고 있습니까? 하나님이 행하신 이 일을 들을 때 나는 무슨 생각을 하게 되었습니까?

_____

_____

_____

참된 신앙을 위한 세 하모니 : 사도신경, 십계명, 주기도문

3과
성령님을 통하여 세워지는 교회

오늘 읽을 말씀 : 마태복음 16장 18절, 빌립보서 1장 5절

또 내가 네게 이르노니 너는 베드로라 내가 이 반석 위에 내 교회를 세우리니 음부의 권세가 이기지 못하리라

너희가 첫날부터 이제까지 복음을 위한 일에 참여하고 있기 때문이라

오늘의 교리문답 : 제21주일

54문 : "거룩한 보편적 교회"에 관하여 당신은 무엇을 믿습니까?
답 : 나는 하나님의 아들이 세상의 처음부터 마지막 날까지 모든 인류 가운데서 영생을 위하여 선택하신 교회를 참된 믿음으로 하나가 되도록 그의 말씀과 성령으로 자신을 위하여 불러 모으고 보호하고 보존하심을 믿습니다. 나도 지금 이 교회의 살아 있는 지체이며 영원히 그러할 것을 믿습니다.

55문 : "성도의 교제"를 당신은 어떻게 이해합니까?
답 : 첫째, 신자는 모두 또한 각각 그리스도의 지체로서 주 그리스도와 교제하며 그의 모든 부요와 은사에 참여합니다.
둘째, 각 신자는 자기의 은사를 다른 지체의 유익과 복을 위하여 기꺼이 그리고 즐거이 사용할 의무가 있습니다.

들어가며

사람들에게 "당신은 어느 교회를 다니나요?"라고 물으면, "저는 XX교회를 다닙니다"라고 대답합니다. 그리고 어떤 사람은 여기에 붙여서 이렇게 말합니다. "저희 교회는 △△동에 있어요."

우리는 보통 이런 이야기를 아무렇지도 않게 생각하지만, 사실 곰곰이 생각해 보면 이 말은 참 이상한 말입니다. 왜냐하면 '교회'라는 단어는 원래 구약성경의 언어인 히브리어로도, 신약성경의 언어인 헬라어로도 그렇고, 기타 성경 여기저기에서 사용되는 의미에 비추어 보아도 그렇고 언제나 **'모임/회집'**을 의미하는 말이기 때문입니다. 즉, 우리는 "△△동에서 모이는 XX 교회입니다"라고 말할 수는 있습니다. 하지만 "△△동에 있는 교회"라는 말은 이상합니다. 왜냐하면 "△△동에 있는 것"은 예배당이지 '교회'는 아니기 때문입니다. 교회는 '무리'입니다. '모임'이고 '집단'입니다. 교회는 예배당 건물이 아닙니다. 그러니까 이렇게 말할 수도 있는 겁니다. A 교회가 오늘은 △△동에서 모였지만 다음 주일에는 야외예배를 드리기로 해서 성도들 전원이 다 □□산에서 모이기로 했다면, 다음 주일에 A교회는 △△동에 있는 것이 아니라 □□산에 있는 것입니다. 즉, 교회는 '모임/회집'입니다. 예배당 건물이 아니라는 말입니다.

문 1. 교회와 예배당은 같은 것인가요? 아니라면 '교회'는 무엇이고 '예배당'은 무엇인가요?

_____

_____

참된 신앙을 위한 세 하모니 : 사도신경, 십계명, 주기도문

여기에서 한 걸음 더 나아가 생각해 봅시다. 그렇다면 "교회는 사람들의 모임/회집입니다"라고 말하면, 그때 교회는 '무엇에 의지'하는 것인가요? 그때 교회는 '회집된 이 사람들의 모임' 자체에 그 권위나 의미를 갖고 있는 것인가요? 그렇다면 교회란 '사람들이 어떤 목적을 가지고 집단을 구축하게 되면' 그것을 두고 '교회'라고 부르는 것인가요? 아이들에게 장학금을 좀 주어야겠다고 생각한 기업가들 몇몇이 모여서 "라이온스 클럽"이라고 이름을 붙이는 것과 비슷한 방식으로, "우리는 같은 기독교 신앙을 가진 사람으로서, 우리가 모여서 모임도 좀 하고 공동체도 형성해야 하겠어" 이렇게 생각하면, 이러한 같은 생각을 가진 사람들이 모인 것을 XX교회라고 하는 것인가요?

하이델베르크 교리문답은 "당신은 교회에 대해 무엇을 믿습니까?"라고 질문한 다음에 "**그리스도께서** 불러 모으시고 보호하시고 보존하심을 믿습니다"라고 고백합니다. "교회가 무엇이라고 믿느냐?"라는 질문에 "나는 교회의 주인이신 그리스도를 믿는다"라고 대답하는 것입니다.

제21주일
54문 : "거룩한 보편적 교회"에 관하여 당신은 무엇을 믿습니까?
답 : 나는 **하나님의 아들**이 세상의 처음부터 마지막 날까지 모든 인류 가운데서 영생을 위하여 선택하신 교회를 … 불러 모으고, 보호하고, 보존하심을 믿습니다.

교리문답이 이런 식으로 대답하는 이유를 통해서 우리는 교회에 대하여 배워야 할 아주 중요한 사실 하나를 발견하게 됩니다. 요약하자면 "교회의 주인이 누구인가?"라고 할 수 있겠습니다.

토론 1 교회를 말할 때 "교회의 주인이 누구인가?"라고 한 번도 생각해 보지 않았다면, 지금 같이 생각해 봅시다. 우리가 "교회의 주인은 그리스도십니다"라고 대답한다면 그 말의 구체적인 의미는 무엇인가요? 어떤 교회가 "그리스도가 주인인 교회"라고 생각합니까? 내가 생각하는 여러 가지 예들을 이야기해 봅시다.

_____

_____

_____

1. 그리스도는 교회를 위하여 무엇을 하십니까?

교회는 그리스도의 소유입니다. 우리는 마태복음 16장에서 예수님께서 교회를 "내 교회"라고 부르시는 것을 발견합니다.

> **마 16:18**
> 또 내가 네게 이르노니 너는 베드로라 내가 이 반석 위에 내 교회를 세우리니 음부의 권세가 이기지 못하리라

예수님께서는 교회를 "내 교회"라고 부르시면서 "음부의 권세", 곧 사탄의 권능이 이 교회를 꺾지 못할 것을 말씀하셨습니다. 여기에는 우리가 앞서 교리문답에서 보았던 세 주제가 동시에 드러납니다.

참된 신앙을 위한 세 하모니 : 사도신경, 십계명, 주기도문

문 2. 제21주일 54문답에서 "하나님의 아들이" 교회를 어떻게 하신다고 고백했습니까? 세 가지를 말했는데, 세 가지 모두 대답해 봅시다.

_____

_____

_____

1) 불러 모으신다

우리는 "하나님의 아들이" 교회를 불러 모으심을 믿습니다. 예수님께서는 요한복음 10장에서 자신을 '목자'라고 소개하시면서 "내 양은 내 음성을 안다"(요 10:27)고 말씀하셨는데, 에베소서 2장 말씀은 우리가 원래는 하나님으로부터 멀리 떨어져 있었으나 예수 그리스도께서 우리를 하나님 가까이로 부르셨다고 가르치고 있습니다.

> **엡 2:12-13**
> 그때에 너희는 그리스도 밖에 있었고 이스라엘 나라 밖의 사람이라 약속의 언약들에 대하여는 외인이요 세상에서 소망이 없고 하나님도 없는 자이더니 이제는 전에 멀리 있던 너희가 **그리스도 예수 안에서 그리스도의 피로 가까워졌느니라**

우리는 원래 하나님 밖에 있는 사람들이었습니다. 그런데 "그리스도 예수 안에서 그리스도의 피로" 가까워졌습니다. 우리를 교회로 "부르시는" 분은 그리스도십니다. 마태복음 16장에서 그리스도께서 "내가 내 교회를 세우겠다"고 말씀하심을 통해 교회를 불러 모으시는 분이 그리스도이심을 발견합니다.

2) 보호하고 보존하신다

"보호"는 '지켜주는 것'을 말하고, "보존"은 '유지되게 하는 것'을 말합니다. 우리는 바깥의 공격, 특히 '사탄의 공격으로부터' 보호를 받으며(보호), 이것이 하루 이틀만 일어나는 일이 아니라 계속되어 많은 시간이 흐른 후에도 '여전히 존재할 것'(보존)을 믿습니다.

마태복음 16장에서 주님께서는 "내가 내 교회를 세우겠다" 하신 뒤에 이어서 무엇을 말씀하셨나요? "음부의 권세가 이기지 못하리라"고 하셨습니다. 사탄의 공격이 교회에 휘몰아칠 것입니다. 하지만 교회는 무너지지 않을 것입니다. 왜냐하면 그리스도께서 "보호"하실 것이기 때문입니다. 그리고 이 "보호" 때문에 교회는 우리의 다음, 다음, 다음 세대에 이르기까지 계속해서 "보존"될 것입니다.

> **사 6:13**
> 그중에 십분의 일이 아직 남아 있을지라도 이것도 황폐하게 될 것이나 밤나무와 상수리나무가 베임을 당하여도 **그 그루터기는 남아 있는 것 같이** 거룩한 씨가 이 땅의 그루터기니라 하시더라

토론 2 그리스도께서 교회를 "보호"하시는 것에 대한 예를 생각해 볼 수 있습니까? 내가 개인적으로 경험한 이야기에서, 혹은 책에서나 다른 사람들에게서 들은 이야기들 속에서 하나님께서 교회를 항상 지키시고 보존하신다는 것을 깨달은 사례들이 있습니까? 있는 대로 한번 나누어 봅시다.

_____

_____

참된 신앙을 위한 세 하모니 : 사도신경, 십계명, 주기도문

2. 말씀과 성령으로

그리스도께서 이렇게 교회를 불러 모으시고, 보호하시고, 보존하실 때, '무엇을 통하여' 하십니까? 교리문답은 그리스도께서 교회를 향하여 행하시는 이 일들을 **"말씀과 성령을 통하여"** 하신다고 고백합니다.

제21주일

54문 : "거룩한 보편적 교회"에 관하여 당신은 무엇을 믿습니까?

답 : 나는 하나님의 아들이 세상의 처음부터 마지막 날까지 모든 인류 가운데서 영생을 위하여 선택하신 교회를 참된 믿음으로 하나가 되도록 **그의 말씀과 성령으로** 자신을 위하여 불러 모으고 보호하고 보존하심을 믿습니다. 나도 지금 이 교회의 살아 있는 지체이며 영원히 그러할 것을 믿습니다.

그리스도께서 교회를 불러 모으시는 방편도, 또 보호하시거나 보존하시는 방편도 "말씀과 성령"이라는 사실을 여러분은 이해하고 있습니까? 하나님께서는 교회를 '세상의 힘과 권력'으로 유지하시지 않습니다. 그리스도께서는 교회를 '세상의 지혜'를 통하여 유지되도록 하시지 않습니다. 교회가 불러 모아지는 방식, 또 교회가 보호받고 보존되는 유일한 방식은 바로 '하나님의 말씀을 통하여'입니다. 그리고 그 말씀을 주시는 주체가 바로 '성령님'이십니다.

문 3. 54문답에 의하면 교회가 "말씀과 성령으로", "불러 모아지고, 보호받고, 보존되는" 것은 한 목적 때문입니다. "무엇이 되도록" 교회는 이렇게 불러 모아지고, 보호받고, 보존됩니까?

그리고 교리문답은 이렇게 말씀과 성령을 통하여 하시는 일이 "참된 믿음으로 하나가 되는 것"이라고 하였습니다. 그렇다면 우리는 교회를 이렇게 말할 수 있습니다.

주인이신 그리스도께서
말씀과 성령을 통하여
참된 믿음으로 하나가 되도록 하기 위해 교회를
불러 모으시고, 보호하시고, 보존하신다

우리를 참된 믿음으로 하나가 되게 하는 것이 바로 '하나님의 말씀'입니다. 그러니까 교회는 사실 '여러 가지 인간적인 방법으로' 하나가 되지 않습니다. 교회가 하나가 되는 것은 언제나 말씀을 통해서입니다.

토론 3 성령님은 말씀을 통하여 그리스도의 교회를 세우십니다. 하나님의 말씀이 교회를 세운다는 것은 우리가 일반적으로 생각하는 방식대로 교회가 세워지는 것이 아니라는 의미입니다. 예를 들어보자면, 교회는 주위에 커다란 아파트 단지가 들어서거나, 혹은 정부로부터 큰 재정지원을 받거나, 또는 방송 출연을 통해서 대중들에게 크게 유명하게 되었다고 해서 세워지는 것이 아닙니다. 교회가 세워지는 것은 항상 '올바른 하나님의 말씀 선포를 통해서'입니다. 이유는 성령님께서는 언제나 말씀을 통하여 역사하시기 때문입니다. 나는 혹시 '교회의 세워짐'을 방금 앞에서 말한 "아닙니다"에 해당하는 것을 통해 된다고 여기지는 않았습니까? 말씀을 통해 교회가 세워진다는 것은 어떤 것이라고 나는 생각합니까?

_____

_____

_____

3. 거룩한 교제, 코이노니아

사도신경은 교회의 연합을 "성도의 교제"라고 부릅니다. 이때 이 "교제"라는 것을 '코이노니아'라고 하는데, 성경에서 코이노니아의 특성은 빌립보서 말씀을 통해 잘 알 수 있습니다.

> **빌 1:5**
> 너희가 첫날부터 이제까지 **복음을 위한 일에 참여하고** 있기 때문이라

이 말씀은 번역이 좋지 못한데, 이전 개역한글판 번역은 "복음에서 너희가 교제함을"이라고 했는데, 개역개정판에서는 "복음을 위한 일에 참여하고"라고 번역했습니다. 여기 두 부분에서 차이가 있지요?

개역한글판 : 복음"에서" / 너희가 "교제"함을

개역개정판 : 복음"을 위한 일에" / "참여"하고

문 4. 두 번역의 차이점이 무엇이라고 생각합니까? 우리말로 읽었을 때, 내가 생각하기에 어떤 차이점이 있다고 생각되나요?

_____

_____

_____

이 두 번역은 모두 나름 정황을 포착하려고 노력하기는 했지만, 아주 좋은 번역은 아닙니다. 이 말씀은 본문을 그대로 읽는 편이 훨씬 좋습니다. "에서"나 "위한 일에"에 해당되는 말은 "속으로"라고 번역하고, "교제"나 "참여"는 단어를 그대로 살려서 "코이노니아"라고 합시다. 그러면 이 말씀은 이렇게 됩니다.

"복음 속으로, 너희의 코이노니아"

이 말씀은 사도신경에서 교회를 "성도의 교제"라고 했을 때의 그 "교제", 곧 '코이노니아'의 성격을 아주 잘 보여줍니다.

첫째, "코이노니아"를 생각합시다. 코이노니아는 "교제"라고 번역해도 좋지만 '참여'의 의미입니다. 즉, 코이노니아는 상호간 연합이라는 의미도 있지만 '어딘가에 참여'하는 것입니다. 어디에 참여하는 것이 교회일까요?

둘째, 이 코이노니아 곧 "참여"란 "복음 속으로" 참여하는 것입니다. 우리는 "교제"를 생각할 때 '우리끼리의 교제'를 생각하기 쉽습니다. 그러나 성경의 코이노니아는 무엇보다 '거룩한 것에의 참여'임을 잊지 맙시다. 사도신경에서의 "성도의 교제"는 단순히 '성도 간의 사귐'을 말하는 것이 아니라 '거룩한 공동체' 속에 들어가는 것입니다. 우리는 교회에 가입함으로써 '거룩 속으로' 들어갑니다.

토론 4 이 사실을 생각하면서 우리의 '교회 됨'을 생각해 봅시다. 우리는 교회를 생각할 때 지나치게 '세상의 여러 그룹들'과 유사하게만 여기지는 않았나요? 우리는 교회를 그저 '공동체'나 '회합'으로만 여기지는 않았나요? 교회는 기본적으로 '하나님의 거룩에 참여하는 공동체'입니다. 그렇다면 우리는 일상적으로 보이는 교회 사람들과의 만남들 속에서 무엇을 추구해야 함이 분명해집니까? 중고등부 친구들이나 대학부 친구들이 모였을 때 연예인 이야기하고, 영화나 스포츠 이야기만 하는 것은 '교회의 이 성격'에 너무 반대된다고 생각되지는 않습니까?

_____

_____

_____

II.
십계명

은혜로서의 율법

들어가며

여러분은 '선한 일을 행하는 것'은 그 위치가 어디라고 생각합니까? 이렇게 물어봅시다.

선한 일을 행하는 것은
'구원을 받기 위한 것'입니까?
'구원을 받았기 때문에'입니까?

기독교 이외의 종교들에서 만연하는 생각들은 '내가 무언가 선한 일을 쌓아야 한다'는 사고입니다. 대개의 경우 사람들은 '원인과 결과'라는 식으로 사고하기 때문에, 내가 무언가 좋은 것을 받아야 한다면 내 편에서 그것을 받을 만한 무언가를 이루어야 한다고 생각합니다. 즉, 앞에 '행함'이 있고 행함에 대한 '상'은 뒤에 있는 것이 당연합니다.

그런데 하나님께서 이스라엘 백성들에게 행한 일, 특히 이스라엘을 애굽의 노예 상태로부터 탈출시킬 때의 상황을 보십시오. 이때 하나님은 '먼저 이스라엘이 하나님께 선한 일을 쌓은 것을 보시고', '그 대가로 그들을 구원'하셨나요? 아닙니다. 오히려 그 반대입니다. 하나님은 '먼저 이스라엘을 구원'하시고, 그 후에 그들을 이끌고 시내산으로 가셔서 '십계명'과 '율법들'을 주셨습니다. 즉, 기독교 교리에서는 '먼저 구원, 곧 상'을 주시고, '그에 상응하는 행함'은 그 뒤에 보십니다. 하나님은 '우리의 어떤 것을 보시고' 우리를 구원하시는 것이 아니라 '우리를 먼저 구원하신 후' 그에 걸맞은 행동을 하라고 요구하십니다.

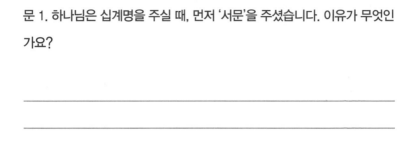

문 1. 하나님은 십계명을 주실 때, 먼저 '서문'을 주셨습니다. 이유가 무엇인 가요?

_____

_____

_____

이것이 십계명 전체에, 특별히 '십계명 서문에' 드러나 있는 정신입니다. 하나님께서는 십계명 제일 첫머리에서, 계명의 "이러저러하게 행하라"를 말씀하시기 전에 먼저 이렇게 말씀하십니다(이것을 보통 십계명의 '서문'이라고 합니다).

"나는 너를 애굽 땅, 종 되었던 집에서 인도하여 낸 네 하나님 여호와니라"

하나님은 계명, 곧 "너는 이러저러하게 행해야 해"를 말씀하시기 전에 "내가 너를 이미 구원하였다"를 먼저 말씀하십니다. 그러니까 십계명은 "이것을 행하면 내가 너를 구원해줄게"가 절대로 아닙니다. 십계명 서문을 통해 우리가 분명하게 보는 것은 "내가 이미 너를 애굽 땅, 종 되었던 집에서 인도하였다"이고, "그러니 이러저러하게 행해야 한다"는 계명은 그 다음입니다.

여기에서 우리는 십계명의 중요한 정신을 깨닫게 됩니다. 그것은 '계명은 은혜를 상기하라고 주어진 것'이라는 사실입니다. 계명은 은혜를 '받기 위한 것'이 아니라 은혜를 '상기하기 위한 것'입니다. 계명은 '앞을 내다보기 위한 것'이 아니라 '뒤를 돌아보기 위한 것'입니다. 계명은 '이미 받은 은혜를 뒤돌아보기 위하여 주어진' 것입니다.

이 둘의 차이점은 너무나도 현저합니다. 우리는 계명을 지키는 일을 통해서 아무것도 '새로운 것'을 얻어낼 수 없습니다. 이미 가장 큰 구원을 받았습니다. 오히려 계명을 지키는 일은 '내가 하나님께 얼마나 감사해야 하는가'를 보여주는 역할을 하는 것입니다.

토론 1 친구와의 관계에서나 부모님과의 관계에서, 우리는 '무엇을 받기 위한 조건으로 주는 것'과 '아무 대가 없이 주는 것'을 많이 경험합니다. 나는 사랑하는 친구에게 받을 것을 기대하지 않고 줄 수 있습니다. 부모님은 우리에게 아무런 대가 요구 없이 주십니다.

이것을 깊이 생각해 봅시다. 그렇다면 '하나님께 무언가를 받기 위해' 계명을 행하는 것과 '하나님께 이미 받았기 때문에' 계명을 행하는 것의 가장 큰 차이점은 무엇일까요? 이 두 사실에서 빚어지는 우리의 가장 큰 태도의 차이는 무엇일까요? 십계명을 들을 때, 나는 하나님께 어떤 마음으로 계명을 행해야 한다고 생각하고 살고 있었나요?

_____

_____

_____

1. 나만 바라보아라

이렇게 생각해 보면 십계명은 전체가 일치된 한 관점을 갖고 있음을 알수 있습니다. 만약 십계명이 "네가 얼마나 이 규정들을 잘 지키는지를 보겠어!"라는 관점이 아니라 '은혜를 상기하는 것', '받은 은혜를 되돌아보는 것'이라면, 하나님께서 계명을 준수하라고 요구하시는 이유는 하나입니다. 곧 '**하나님만 바라보는 것**'입니다.

그렇습니다. 하나님께서 우리를 구원하시고 우리에게 계명을 지킬 것을 요구하시는 이유는 우리에게 '관계'를 요구하시기 때문입니다. "내가 너의 아빠다", "내가 너의 남편이다" 하나님은 우리에게 이것을 요구하시고, 또 알려주시기 위하여 계명을 주셨습니다. 우리는 십계명의 여러 조항들을 통하여 '하나님의 성품'을 발견하게 됩니다. 마치 이런 것과 같습니다. 아이가 아빠와 예전에 찍었던 사진이 담겨 있는 앨범들을 훑어보면서, "맞아! 우리 아빠는 나랑 공원을 걷는 걸 참 좋아하셨지!", "그래! 우리 아빠는 치즈가 잔뜩 올려진 라면은 기겁을 하셨어! 여기 라면을 보는 아빠 표정 봐봐!"라고 말하는 것 말입니다.

우리는 하나님께서 주신 이 계명들을 보면서 '하나님이 무엇을 사랑하시는지', 또 '하나님이 무엇을 싫어하시는지'를 알게 됩니다. 즉, 십계명은 엄격한 감독관이 "이것들 중에 하나라도 어기면 가만두지 않을 테다!"라고 경고하기 위해 주신 것이 아니라, "하나님을 사랑하려면 이렇게 하거라"라고 알려주기 위해 주신 것입니다.

그렇다면 우리에게 가장 먼저 필요한 것은 정해진 룰을 정확하게 지키려는 태도보다 '하나님을 사랑하는 마음'입니다. 하나님을 사랑하는 사람에게만 계명은 의미가 있습니다.

이런 점에서 교리문답의 해설을 볼까요? 교리문답은 첫째 계명을 해설하면서 하나님께서 이 계명에서 요구하시는 것이 무엇인지를 묻고 나서 이렇게 대답하고 있습니다.

제34주일

94문 : 제1계명에서 하나님께서 요구하시는 것은 무엇입니까?

답 : … 유일하고 참되신 하나님을 바르게 알고 그분만을 신뢰해야 하며, 모든 겸손과 인내로 그분에게만 복종하고 모든 좋은 것들을 오직 그분에게서만 기대하며, 마음을 다하여 그분을 사랑하고 경외하며, 그분만 섬겨야 합니다.

문 2. 이 문답을 보면서 아래의 질문에 답해 보세요.

1) '하나님'을 지시하는 용어들을 모두 찾아봅시다. "하나님"을 직접 말한 것도 좋고, "그분"이라고 지칭한 것도 좋습니다. 이 짧은 문장 속에 몇 번이나 하나님이 나옵니까? 위의 본문에 동그라미를 쳐 본 후에 총 몇 번이나 등장했는지 말해 봅시다.

2) 그러면 이렇게 하나님을 많이 말한 이유는 무엇일까요? 하나님께서는 우리가 '기계적으로 계명을 지키는 것'보다, 무엇하기를 바라시고 원하신다는 것을 잘 알 수 있습니까? 천천히 음미하듯 읽어보면 하나님의 마음을 잘 느낄 수 있습니다.

토론 2 나는 십계명을 듣고 지켜야 한다는 말을 들을 때, 각 조항을 기계적으로 준수해야 한다고만 생각하지는 않았나요? 나는 십계명 속에서 '하나님의 마음,' '하나님의 바람'을 읽을 수 있었나요?

우리는 가끔 부모님께서 나에게 무언가를 말씀하실 때 비슷한 것을 발견하곤 합니다. 엄마가 "너무 늦게 들어오지 마라"라고 하셨을 때 그저 내 행동을 제약하기 위해서라고 생각했지만, 나이가 좀 들고나니까 엄마가 나를 걱정하고 염려해서 그렇게 말씀하신 것임을 알게 되는 것과 같은 것 말입니다. 이렇게 말씀을 듣고 배우면 나는 하나님께서 계명을 주시면서 지키라고 하신 의도를 잘 이해할 수 있게 되었습니까? 내가 깨닫게 된 것, 생각하게 된 것들을 친구들과 함께 나누어 보도록 합시다.

---

2. 하나님의 얼굴 앞

십계명의 첫째 계명은 "너는 나 외에는 다른 신들을 네게 두지 말라"라고 번역이 되어 있습니다. 이것을 그냥 읽으면 이 계명의 목적은 '하나님의 배타성'을 보여주려는 것처럼 보입니다. 즉, "너는 나만 섬겨야 돼!"라고 강압적으로 말하는 것처럼 보인다는 것입니다.

그런데 여기 '외에는'이라고 번역한 말을 더 문자적으로 번역하면 '나의 얼굴 앞'입니다. 즉, "너는 나 외에는 다른 신들을 네게 두지 말라"가 아니라 "너는 나의 얼굴 앞에 다른 신들을 네게 두지 말라"입니다. 이 말의 의미를 생각해 봅시다.

1) 먼저 이 말의 의미는 "하나님이 보고 계시는데도"라는 식으로 읽을 수 있습니다. 말하자면 "너는 지금 하나님의 얼굴 앞에서, 하나님이 이렇게 지켜보고 계시는데 어떻게 다른 신을 둘 수가 있니?" 이렇게 읽을 수 있는 것입니다.

이렇게 읽으면, 이 말씀의 의미는 우리에게 '두려움'을 가져다 줍니다. 하나님은 우리가 제아무리 은밀하게 다른 신을 섬긴다고 하더라도, 그 은밀한 섬김이 "하나님의 얼굴 앞에서" 하는 것임을 말씀하고 있기 때문입니다. 우리는 어떤 곳에서도 하나님의 손길을 피할 수가 없기 때문에, 우리가 어떤 식으로 하나님을 피하려 하더라도 절대로 하나님의 얼굴로부터 도망칠 수가 없습니다. 그래서 시편 기자는 이렇게 고백하기도 했습니다.

> **시 139:7-10**
> 내가 주의 영을 떠나 어디로 가며 주의 앞에서 어디로 피하리이까 내가 하늘에 올라갈지라도 거기 계시며 스올에 내 자리를 펼지라도 거기 계시니이다 내가 새벽 날개를 치며 바다 끝에 가서 거주할지라도 거기서도 주의 손이 나를 인도하시며 주의 오른손이 나를 붙드시리이다

"너는 나의 얼굴 앞에 다른 신들을 네게 두지 말라"는 그런 점에서 "하나님이 지켜보시는 가운데 있으므로 나는 어떤 다른 신들도 둘 수가 없다"라는 의미가 됩니다.

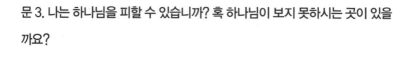

문 3. 나는 하나님을 피할 수 있습니까? 혹 하나님이 보지 못하시는 곳이 있을까요?

_____

_____

_____

2) 그런데 동시에 이 말의 의미는 '하나님께서 과거 우리에게 행하신 일을 상기시켜 주는 것'이기도 합니다. 말하자면 "하나님께서 너에게 이렇게 친절을 베풀어주셨는데 그것을 잊어버렸니?"라는 의미가 되기도 한다는 것입니다. 이렇게 읽으면, 이 말씀의 의미는 우리에게 '부끄러움'을 가져다 줍니다.

성경에는 "하나님의 얼굴"이 아주 자주 나옵니다. 예를 들어, 예배의 마지막에 하는 강복 선언 구절인 민수기 말씀에 보면 "여호와는 네게 복을 주시고 너를 지키시기를 원하며"라고 한 후에, 뒤의 두 문구 모두에 "하나님의 얼굴"이 들어 있습니다. "여호와는 그의 얼굴을 네게 비추사 은혜 베푸시기를 원하며", "여호와는 그 얼굴을 네게로 향하여 드사 평강 주시기를 원하노라"(민 6:24-26).

이런 말씀에서 "하나님의 얼굴"은 '하나님께서 우리를 향하여 비춰주고 계시는 은혜'입니다. 이것은 바람이 쌀쌀한 초겨울 오후에 따스한 햇살이 계속해서 나를 향해 내리쬐고 있는 것을 상상하면 됩니다. 성경에서 "하나님의 얼굴"은 '우리를 향하여 계속하여 자비와 은총과 사랑을 내려주고 계시는 하나님'을 의미합니다.

이 사실을 생각한다면 "하나님의 얼굴 앞에서 다른 신들을 두는 것"은

참된 신앙을 위한 세 하모니 : 사도신경, 십계명, 주기도문

'하나님께서 과거 우리에게 행하신 일을 상기시켜 주는 것'입니다. "내가 너에게 이렇게 은혜를 주었는데, 너는 어떻게 다른 신들을 둘 수가 있느냐?"라고 말씀하시는 것입니다.

토론 3 그래서 하이델베르크 교리문답은 제1계명 해설의 제일 첫 부분을 이렇게 시작합니다.

> **제34주일**
> **94문 : 제1계명에서 하나님께서 요구하시는 것은 무엇입니까?**
> **답** : 내 영혼의 구원과 복이 매우 귀한 것이기 때문에…

말하자면 교리문답은 우리가 다른 신들을 섬기려고 할 때, "너의 구원을 생각해!"라고 말하고 있는 셈입니다. 즉, 우리가 하나님께 받은 구원을 생각한다면 나는 하나님의 얼굴 앞에서 다른 신들을 둘 수가 없습니다.

나는 하나님의 자녀로서 하나님을 섬기는 일에 성실하지 않을 때 '아! 내가 받은 구원이 이리도 귀한 것인데 나는 왜 이렇게 살고 있지?'라고 생각한 적이 있습니까? 그렇다면 내가 이 값진 구원을 얻은 사람으로서 살아가려 할 때, 어떤 일에 조금 더 충실해야 할 것인지를 서로 이야기해 볼까요?

_____

_____

_____

3. 왜 다른 신들을 섬기게 되는 걸까? : 그 핵심

그렇다면 왜 사람들은 하나님을 두고 다른 신들을 섬기게 되는 것일까요? 먼저, 사람이 하나님을 사랑하고 섬기지 않으면 어떻게 되는지 로마서가 잘 알려주고 있습니다.

> **롬 1:21-23**
> 하나님을 알되 하나님을 영화롭게도 아니하며 감사하지도 아니하고 오히려 그 생각이 허망하여지며 미련한 마음이 어두워졌나니 스스로 지혜 있다 하나 어리석게 되어 썩어지지 아니하는 하나님의 영광을 썩어질 사람과 새와 짐승과 기어다니는 동물 모양의 우상으로 바꾸었느니라

그렇습니다. 사람에게는 '하나님을 향하도록 되어 있는 본질'이 있습니다. 그래서 사람이 하나님을 향하지 않으면 마음에 커다란 구멍이 난 것처럼, 무언가 채워지지 않는 부분이 생기게 되는 것입니다. 이런 이유로 사람들은 하나님을 찾게 되어 있는데, 죄를 지은 이후의 사람은 하나님을 '올바로' 찾지 못하게 되어 버렸기 때문에 그 마음을 가지고 '다른 것을 섬기기 시작'합니다. 곧 이 로마서 말씀에서처럼 "썩어지지 않는 하나님의 영광을 썩어질 사람, 새, 짐승, 기어다니는 동물 모양의 우상"으로 바꾸는 것입니다.

문 3. 이제 주변에서 흔히 보는 여러 가지 신들을 섬기는 사람들의 이유를 알게 되었나요? 돌로 만든 신상들을 섬기고, 동전을 던지며 소원을 빌고, 새해에 떠오르는 해를 보면서 한 해가 잘 되기를 기도하는 모든 마음의 배후에 무엇이 있습니까?

그래서 하나님을 잃어버린 사람은 무언가 다른 것을 찾게 됩니다. 그런데 그것은 '참 신'은 아니죠. '신을 빙자한 가짜'일 뿐입니다. 그리고 이런 것은 참 신이 아니기 때문에, 사실은 '자기 마음'을 충족시키기 위한 것일 뿐입니다.

루터 선생님은 그래서 가짜 신을 섬기는 사람들에 대해 이렇게 말한 적이 있습니다.

물론 그런 사람들도 일종의 신을 섬기고 있습니다. 그 신의 이름은 '맘몬'입니다. 맘몬은 돈과 재물의 신입니다. 맘몬을 섬기는 이들은 모든 마음을 돈과 재물에 두고 있는 사람들입니다. … 맘몬을 신뢰하는 것과 마찬가지로, 위대한 지식, 현명한 처세술, 권력, 호의, 우정, 명예를 신뢰하는 자들도 똑같습니다. 이들 역시 일종의 신을 섬깁니다.

그렇습니다. 하나님을 잃어버린 사람들도 '무언가를' 섬깁니다. 우리 마음이 간절히 무언가를 섬기기를 원하기 때문입니다. 그런데 참 신이신 하나님을 잃어버린 사람들은 진짜를 섬기지 못하고, 왜곡된 다른 것을 섬깁니다. 그 대표적인 것들이 바로 '돈'이나 '행복', '위대한 지식', '인간관계' 같은 여러 가지 것들입니다.

그저 하나님 대신 불상에 절을 하거나, 그저 하나님 대신에 무당이나 점집을 찾아다니는 사람들만 '가짜 신을' 섬기는 사람들이 아닙니다. 하나님이 없는 사람들은 모두 '마음에 커다란 구멍이 나 있는' 사람들이기 때문에 끊임없이 가짜 신을 찾고 거기에 집착합니다. 돈이 마치 나의 구원자가 되어서 모든 문제를 다 해결해 줄 것처럼(이때 이 사람에게는 돈이 신입니다), 좋은 직장, 좋은 자리에 올라가면 이 권세가 마치 나의 구원자가 되어서 모든 문제를 다 해결해 줄 것처럼(이때 이 사람에게는 권력이 신입니다), 또 어떤 사람들은 주변의 다른 사람들과 좋은 관계를 가지기만 하면 이 관계가 마치 나의 구원자가 되어서 모든 문제를 다 해결해 줄 것처럼(이때 이 사람에게는 관계가 신입니다) 그렇게 믿고 살아갑니다. 하지만 참 신이 아닌, 자신의 거짓 욕망들을 신으로 믿고 살아가는 것은 결국 아무짝에도 쓸모가 없다는 것이 판명 나게 되고, 결국에는 허무와 좌절로 떨어지게 됩니다. 그것이 제1계명을 따르지 않는 사람들의 결과입니다.

토론 4　나는 하나님을 믿는 것이 참으로 내 삶의 바람직한 목적이라는 사실을 깨달은 적이 있습니까? 반대로 하나님이 아닌 무언가를 좇아가다가 "아, 이건 아무런 의미가 없잖아?"라던가 "이렇게 해서 얻어본들 뭐하겠어?"라는 생각을 해 본 적은 없습니까? 생각해 본 사람도, 생각해 보지 않은 사람도 지금 진지하게 한번 물어봅시다. "내 삶이 참으로 의미 있기 위해서 나는 무엇을 해야 할까요?"

_____

_____

_____

2과
하나님 사랑과 예배

오늘 읽을 말씀 : 출애굽기 20장 8-11절

안식일을 기억하여 거룩하게 지키라 엿새 동안은 힘써 네 모든 일을 행할 것이나 **일곱째 날은 네 하나님 여호와의 안식일인즉**, 너나 네 아들이나 네 딸이나 네 남종이나 네 여종이나 네 가축이나 네 문안에 머무는 객이라도 아무 일도 하지 말라 이는 엿새 동안에 나 여호와가 하늘과 땅과 바다와 그 가운데 모든 것을 만들고 일곱째 날에 쉬었음이라 그러므로 나 여호와가 안식일을 복되게 하여 그날을 거룩하게 하였느니라

오늘의 교리문답 : 제38주일

103문 : 제4계명에서 하나님께서 원하시는 것은 무엇입니까?

답 : 첫째, 하나님께서는 말씀의 봉사와 그 봉사를 위한 교육이 유지되기를 원하시며, 특히 안식의 날인 주일에 내가 하나님의 교회에 부지런히 참석하여 하나님의 말씀을 경청하고 성례에 참여하며, 주님을 공적으로 부르고 가난한 자들에게 기독교적 자비를 행하기 원하십니다.

둘째, 나의 일생 동안 악한 일들을 그만두고 주께서 그의 성령으로 내 안에서 일하시게 하며, 그럼으로써 영원한 안식이 이 세상에서부터 시작되기를 원하십니다.

들어가며

'가치로운 삶'이라는 주제를 생각해 볼까요? 사람은 누구든지 인생을 보람되게 살기를 원합니다. 말하자면 '가치로운 삶'을 살지 못하고 있다고 느끼면 삶에 회의를 느끼는 것이 사람입니다.

우리는 집에서 키우는 멍멍이가 하루 종일 낮잠을 잔 후에 일어나서 "아, 오늘은 시간을 너무 헛되게 보냈어"라고 하는 것을 본 적이 없습니다. 개는 삶을 '가치롭게' 살아야 한다는 생각이 없기 때문입니다. 하지만 사람은 다릅니다. 서른일곱 살이 된 백수 아들이 집에서 컴퓨터 게임만 하루 종일 하고 있으면 저녁에 퇴근하여 늦게 들어온 아버지가 혼을 냅니다. 아버지가 볼 때 한심한 노릇이니까 그렇습니다. 그런데 혼이 나는 아들 스스로도 '나는 하루 종일 게임에 몰두하는 멋진 젊은이야!'라고 생각하지 않습니다. 오히려 자괴감이 들지요. 왜 그럴까요? 그건 사람이 근본적으로 '가치로운 삶'을 추구하기 때문입니다.

그렇다면 사람이 진정으로 가치로운 삶을 사는 방법은 무엇일까요? 우리는 사도신경에서 "성부 하나님"을 배우면서, 또 "무로부터의 창조"를 배우면서, 사람과 이 온 우주의 본질이 '무'라는 사실을 배웠습니다(1장 1과). 우리는 사실 '무로부터' 지어졌습니다. 그렇다면 우리가 열렬하게 무언가를 추구하더라도 그 일이 우리 안에서만 이루어지는 것이라면 그 결과는 '무'가 됩니다. 결국 우리 인생이란 '하나님'을 추구하지 않고 '사람'만을 추구하며 산다면 제아무리 '가치로운 삶'을 살려고 노력해 보아도 최종적으로는 '허무'에 빠질 수밖에 없다는 것입니다.

참된 신앙을 위한 세 하모니 : 사도신경, 십계명, 주기도문

문 1. 사람은 근본적으로 어떤 삶을 살기를 원합니까? 그런데 또 그렇게 살려고 하지만 어떤 함정에 빠질 수밖에 없습니까?

_____

_____

_____

그렇다면 우리가 근본적으로 '허무'에 빠지지 않으려면 '하나님을 향해야' 한다는 사실이 명백해집니다. 그리고 이때 중요해지는 것이 **'예배'**입니다. 우리 삶의 순간순간마다 우리가 하나님을 향할 수 있도록 이끌고 인도해주는 것이 '예배'라고 할 수 있습니다. 그래서 십계명은 하나님에 대한 가르침에서 넷째 계명은 '우리가 하나님을 향할 수 있는 방법'을 가르쳐 주셨습니다. 그것이 바로 '예배'입니다.

토론 1 내가 예배를 드릴 때의 '마음가짐'이 어떤지를 스스로 한번 짚어보고, 나는 예배를 어떻게 생각하며 살아왔는지 서로 나누어 봅시다. 나는 '예배의 중요성'을 잘 알고 있습니까? 혹시 그저 부모님이나 교회 선생님이 예배를 꼭 드리라고 하니까 할 수 없이 예배를 드리고 있지는 않습니까? 앞의 이야기를 듣고 나서 내 생각은 어떻습니까? 예배의 가치를 깨닫게 되었습니까?

_____

_____

_____

1. 무엇으로부터의 탈출입니까?

그런데 이 넷째 계명을 살펴보면, 하나님께서는 "안식일을 지키라"는 명령을 주시기 위하여 무언가를 '금하고' 계신 것을 알 수 있습니다. 예를 들어 출애굽기 35장은 안식일의 규례를 이렇게 주고 있습니다.

> **출 35:2-3**
> 엿새 동안은 일하고 일곱째 날은 너희를 위한 거룩한 날이니 여호와께 엄숙한 안식일이라 누구든지 이날에 **일하는 자는 죽일지니** 안식일에는 너희의 모든 처소에서 불도 피우지 말지니라

즉, 여기에는 "하지 말라"가 있습니다. 그러면 우리는 궁금해집니다. "하나님께 예배해야 한다. 그것은 잘 알겠어. 그런데 왜 하나님은 예배의 날에는 일을 하지 말라고 하신 거지?" 이 문제에 대한 대답을 위해서 하나님께서 십계명을 주실 때의 그 문장을 정확하게 한 번 다시 읽어보겠습니다. 십계명의 넷째 계명 본문을 '굵은 글씨로' 강조한 부분에 주의하면서 다음과 같이 한번 읽어봅시다.

> 엿새 동안은 힘써 '**너의** 모든 일'을 행할/이룰 것이나
> 일곱째 날은 '**여호와의** 안식일'이니
> '아무 일도', 곧 '**너의** 일도', '**너의** 아들의 일도', '**너의** 딸의 일도', '**너의** 남종의 일도', '**너의** 여종의 일도', '**너의** 가축의 일도', '**너의** 문안에 머무는 객의 일도' 하지 말라(출 20:9-10)

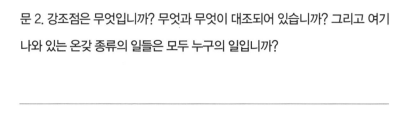

문 2. 강조점은 무엇입니까? 무엇과 무엇이 대조되어 있습니까? 그리고 여기 나와 있는 온갖 종류의 일들은 모두 누구의 일입니까?

_____

_____

_____

우리는 십계명의 명령을 읽으면서 하나님께서 '단지 일을' 금하신 것이 아니라는 것을 이 문장이 말하는 방식을 통해서 현저하게 깨닫게 됩니다. 중요한 것은 '일'이 아니라, '나의 일'입니다. '여호와의 일' 대신 '나의 일'을 하는 것을 안식일에는 하지 말라는 것입니다.

실제로 일의 관점에서만 생각해 보면, 안식일에 '가장 거룩한' 사람들이었던 제사장은 오히려 많은 일을 했습니다. 성막이나 성전 안에서 제사를/예배를 드리기 위하여 부지런히 일했습니다! 하나님이 가장 기뻐하시는 사람들이 안식일에 제일 열심히 일하는 사람들이었습니다.

심지어 요한복음에서 예수님은 "하나님도 안식일에 일하신다!"(요 5:17)라고 말씀하셨습니다. 실제로 유대인들은 이 사실을 잘 알고 있었습니다. 하나님이 안식일이라고 해서 정말 일을 멈추신다면 지구가 자전과 공전을 멈추고 태양이 빛을 발하기를 쉴 것입니다. 하나님의 일의 멈춤은 우주적 재앙이 됩니다. 그래서 유대인들은 "하나님은 안식일에 쉬지 않으신다"는 것을 잘 알았습니다.

안식일의 초점은 단순히 "일을 안 한다"가 아닙니다. 안식일의 일의 멈춤은 '나의 일'을 멈추는 것입니다. 왜 그래야 합니까? 오롯이 '하나님께 집중하기 위해서'입니다. 바쁘고 분주했던 나의 삶을 예배의 날에는 잠시 멈추고, 일주일에 하루 그날만큼이라도 오직 하나님께 집중하며, 예배가 주는 안식, 하나님 속에 들어갈 때에 얻게 되는 그 영원으로부터 오는 놀라운 은혜를 맛보는 데에 온 마음을 다 드리기 위하여 '나의 일'을 잠시 멈추는 것입니다.

토론 2 나는 주일에 잠깐 교회에 왔다가 나머지 시간은 모조리 '나를 위해' 사용하지 않았나요? 시험이 가까이 있으면 어쨌든 하나님께 드리는 시간은 줄이고 공부하는 데 모든 시간을 투자하려고 하지 않았나요? 친구들이 다들 평일에 학원 가느라 바쁘니까 주일을 이용해서 어떻게든 친구들을 만나고 노는 것에만 즐거워하지 않았나요? 나에게 있어서 '나의 일을 멈추는 것'은 어떤 것들이 해당됩니까? 나는 주일을 '하나님과 교제하는 날'로 제대로 보내고 있습니까?

_____

_____

_____

2. 무엇을 향하여 나아가야 합니까?

그러면 이제 '멈춤'에서 더 나아가 **'무엇을 향하여'** 멈추는지를 생각해 봅시다. 출애굽기 20장의 넷째 계명은 맨 첫 시작이 "안식일을 기억하여 거룩하게 지키라"(8절)입니다. 이 말씀은 아주 단순해 보이지만, '무엇을 향

참된 신앙을 위한 세 하모니 : 사도신경, 십계명, 주기도문

하여 멈추어야 하는지'를 명확하게 보여주고 있는 말씀입니다. 우리가 다음으로 생각할 점은 바로 이것입니다.

1) 기억

"기억"이란 무엇일까요? 기억이란 '과거에 있었던 어떤 일을 나의 머릿속 공간에 떠올리는 것'을 말합니까? 뭐, 일반적으로는 그렇습니다. 우리가 대개의 경우 세상에서 살면서 생각하는 기억의 정의는 그 정도로 족합니다. 하지만 성경이 말하는 기억은 약간 의미가 다릅니다. 예를 들어 다음의 말씀을 보십시오.

> **신 5:15**
> 너는 기억하라 네가 애굽 땅에서 종이 되었더니 네 하나님 여호와가 강한 손과 편 팔로 거기서 너를 인도하여 내었나니 그러므로 네 하나님 여호와가 네게 명령하여 안식일을 지키라 하느니라

이 말씀에 보면 "기억"이란 단순한 과거의 일이 아닙니다. 이 말씀에서의 기억은 힘이 강합니다. 이 기억은 단지 '과거에 있었던 어떤 일' 정도가 아니라, '지금 여기에 소환되어, 내가 지금 안식일을 지키며 살아갈 수 있는 근본적인 동력'이 됩니다.

성경은 기억을 이런 식으로 계속해서 사용합니다. 이스라엘 백성들은 '하나님께서 과거에 자신들을 구원하셨던 일'을 계속해서 기억해야 했는데, 그것은 '단순한 회상'이 아니라 지금 여기에서 그들이 하나님을 거역하지 않고 믿음으로 삶을 살아가는 데 있어 가장 중요하고 강력한 동기와 근원이 되는 것이었습니다.

즉, 성경에서의 기억은 **'과거의 일이 현재화되도록 만드는 것'**을 말합

니다. '과거를 소환'하여 그 과거가 죽은 채로 있지 않고 여기 현재에서 '힘을 발휘하도록' 만드는 것, 시간을 뛰어넘어서 과거의 그것이 지금 현재 여기에 영향력 있게 작용하도록 만드는 것, 바로 그것이 "기억하라!"는 명령의 이유였습니다.

그러므로 하나님께서 "안식일을 기억하라"고 하셨을 때의 의미는, 이렇게 "과거의 구원을 오늘 나에게 현실화시켜라"라는 명령인 것입니다. 우리가 주일에 교회에 나와서 예배를 드리면서 해야 하는 일은 "안식일을 기억"하는 것인데, 이 말의 뜻은 과거에 우리를 구원하셨던 그 하나님의 능력이 오늘 나의 삶에도 영향력 있게 작용하도록 하는 그 물꼬를 열라는 것입니다. 그래서 그 구원하신 하나님의 능력이 지금 나에게 콸콸 쏟아져 들어오도록 하라는 것입니다. 그것이 "안식일을 기억하라"는 명령의 의미입니다.

그래서 십계명 본문이 나와 있는 두 곳, 곧 출애굽기 20장과 신명기 5장을 보면, 넷째 계명만 두 본문의 내용이 약간 다른 것을 알 수 있습니다. 그것은 "안식일을 기억"함으로써 하나님의 백성이 기억해야 할 것이 '두 종류'이기 때문입니다. 출애굽기 20장은 "창조를 기억하라"고 말씀하고, 신명기 5장은 "구속을 기억하라"고 말씀합니다(지금 찾아보아도 좋습니다). 곧 '창조'와 '구속'을 기억하는 것이 "안식일을 기억"하는 것입니다.

문 3. '기억'은 무엇입니까? 성경이 말하는 기억이 무엇인지 방금 배운 내용을 토대로 해서 내 말로 정리해봅시다. 하나님께서 나에게 "안식일을 기억해!"라고 하셨다면, 무엇을 하라고 말씀하신 것인가요? 나는 주일 예배에 와서 무엇을 해야 합니까?

2) 거룩

그리고 이 첫 명령을 문장 순서를 따라 보다 더 정확하게 읽으면 이렇게 읽을 수 있습니다.

기억하라, 안식일을, 그것을 거룩하게 하기 위하여

"기억하라"는 명령이 '과거의 구원의 하나님을 지금 여기, 현재에 소환하는 것'이었다고 한다면, **"거룩"은 그 기억의 '목적'**입니다. 우리는 왜 기억해야 합니까? "거룩하게 하기 위하여"입니다. 즉, 이렇게 정리할 수 있습니다. 실천적 명령, 곧 '해야 하는 일'은 "기억"이고, 그 해야 하는 일을 통하여 도착해야 될 목적지는 "거룩"이라고 할 수 있습니다.

그러면 "거룩"이란 무엇입니까? 거룩은 가장 간단히는 '하나님의 성품'이라고 할 수 있습니다(문자적으로 '거룩'은 '분리'라는 뜻을 갖고 있습니다). 그렇다면 이것을 우리에게 적용할 때는 '이 거룩한 하나님 안에 들어가는 것'을 말합니다. 즉, 우리는 "나의 일을 멈추고/멈춤으로", "하나님의 거룩 안으로" 들어갑니다. 이것이 바로 예배입니다. 이 '멈춤'과 '들어감', 보다 정확히 말하면 '멈춤을 통하여 들어감'을 잘 생각해 보십시오. 칼빈 선생님의 말씀을 한번 들어보겠습니다.

손과 발의 수고의 단순한 중지 그 자체에는 아무 의미가 없다. 아니 ··· 하나님을 섬기는 문제가 아닌 다른 목적으로 휴식을 취하는 것은 유치한 미신일 뿐이다. 그러므로 우리가 본 계명의 의미를 조금이라도 오해하지 않으려면 ··· 그것은 다름이 아니라 ··· 그들이 자신들의 일에서 손을 떼고 자신들의 이성, 계획, 그리고 육신의 모든 감정과 애정을 자신들에게서 박탈하지 않을 경우에는 그들의 생활이 당신의 인준을 받을 수 없다는 점을 깨닫도록 하는 데 있었다 ··· 그들을 자신들의 일에서 떠나가게 한 것은, 그들이 **마치 자신들과 세상에 대해서는 죽은 자들처럼, 하나님에게만 온전히 헌신하게** 하려는 뜻이었다. 그러므로 ··· 그것은 인간들이 자신들을 부정하고, 그들의 **지상적인 성품을 포기**하는 가운데, **하나님의 영의 지배와 안내를 받을 때 일어나는 '육신의 사망'**이다.

칼빈 선생님의 "거룩"을 "육신의 사망"이라는 말로 표현했습니다.

우리는 주일에 예배에 나와서 '나의 일'을 멈추고 '하나님의 구원' 안으로 들어감으로 인해 "거룩" 속으로 들어갑니다. 하나님 속으로 들어갑니다. 예배는 단순히 '강좌'가 아닙니다. 예배는 하나님과의 거룩한 교제이며, 그분 속으로 들어가 그분과 연합하는 것입니다. 이때 "거룩"이 일어납니다. 하나님은 이 일이 우리가 죽은 다음에만이 아니라, 우리가 이 땅에서 살아 있는 동안에도 일어나기를 바라셨습니다.

제38주일
103문 : 제4계명에서 하나님께서 원하시는 것은 무엇입니까?
답 : ··· 나의 일생동안 악한 일들을 그만두고 주께서 그의 성령으로 내 안에서 일하시게 하며 그럼으로써 영원한 안식이 이 세상에서부터 시작되기를 원하십니다.

"기억하라, 안식일을, 그것을 거룩하게 하기 위하여"라고 명령하신 하나님의 의도는 무엇입니까? 우리가 실천 방안인 "기억"하기를 통하여 도

참된 신앙을 위한 세 하모니 : 사도신경, 십계명, 주기도문

착해야 하는 목적지인 "거룩"이란 무엇입니까? '하나님의 품 속에 안기는 것'입니다. 적어도 예배의 날인 주일만큼은 '나의 일'로부터 벗어나서 '하나님의 구원' 속으로 들어감으로써, "이 거룩 속에" 빠지기를 하나님은 원하셨던 것입니다.

토론 3 이런 사실을 배우고 나면 우리 예배는 정말로 중요해집니다. 다음의 두 내용을 생각해 봅시다. 우리는 오늘 공부를 통해서 안식일을 "기억"하는 것이 '하나님의 구원'을 여기 내 삶에 소환하는 것이라고 했고, 이렇게 할 때 우리는 '하나님의 거룩 속으로' 들어가게 된다고 했습니다. 나는 예배 때 이것을 갖고 있습니까? 내가 경험하는 예배는 어떤 것입니까? 나는 예배 때 하나님께 찬송하고, 기도하고, 하나님의 말씀을 들으면서 정말로 이렇게 큰 은혜 속에 살아가고 있습니까?

_____

_____

_____

3. 그러면 우리는 예배의 날에 무엇을 해야 합니까?

그러면 이 예배의 날에 우리는 '어떤 일들을' 할 수 있을까요?

이런 점에 대하여는 우리 앞에 열렬히 살아갔던 선배들의 도움을 좀 얻는 편이 좋습니다. 하이델베르크 교리문답 제38주일의 앞부분은 주일에 우리가 무엇을 하면서 보내야 할지를 이렇게 정리하고 있습니다.

103문 : 제 4계명에서 하나님께서 원하시는 것은 무엇입니까?

답 : 첫째, 하나님께서는 말씀의 봉사와 그 봉사를 위한 교육이 유지되기를 원하시며, 특히 안식의 날인 주일에 내가 하나님의 교회에 부지런히 참석하여 하나님의 말씀을 경청하고, 성례에 참여하며, 주님을 공적으로 부르고, 가난한 자들에게 기독교적 자비를 행하기 원하십니다.

문 4. 103문답이 주일에 우리가 해야 할 것으로 말씀하고 있는 것을 한번 정리해 봅시다. 다섯 가지로 정리할 수도 있겠고, 네 가지로 정리할 수도 있겠습니다. 앞에 나오는 "하나님께서 이것저것을 원하신다"라는 부분까지 포함하면 여섯, 일곱 가지로 정리할 수도 있습니다.

_____

_____

_____

    오늘날 우리가 교회에서 흔히 발견하는 현상은, 주일에 즐비하게 진열되어 있는 6-7부 정도 되는 예배들 중에서 마치 디저트 카페에서 내가 원하는 케이크를 고르듯 예배를 하나 선택하고, 거기 잠깐 참여한 후에 나머지 주일 시간 모두는 '나를 위하여' 쓰는 것입니다. 아마 정상적으로 앞의 내용을 배운 사람이라면 누구라도 이런 주일 준수가 악하고 잘못되었음을 느낄 것입니다.

    오히려 우리가 주일에 해야 하는 일은 예배에 열심히 참석하는 것뿐 아니라, 실제로 하나님의 말씀을 "경청"해야 하고 또 성례나 기도/찬송을 통하여 하나님을 열심히 경배해야 하며, 더 나아가서는 교회의 여러 지체들을 돌보는 것, 그들과 교제하는 것까지를 포함합니다.

사실 오늘날 한국 교회는 주일을 '일의 날'로 만들어버렸습니다. 엿새 동안은 세상에 나가서 열심히 일하고 일곱째 날은 교회에 나와서 열심히 일하게 되어 버렸습니다. 심지어 이 일조차 하나님의 구원을 만끽하게 되는 일, 제사장들이 과거 제사/예배를 위해 했던 일들 같은 것이 아니라 차량 운행을 하고, 교사를 하고, 성가대원을 하고, 식사 당번을 하고, 이리저리 뛰어다니고 정신없이 업무와 과업을 이행하느라 숨을 헐떡이며 하루가 가는 방식으로 하는 일들입니다. 이런 양상은 어른들에게만 아니라 아이들, 청소년들에게도 있습니다. 당장 청년만 되면 이 일들이 폭포수처럼 쏟아집니다.

그러나 주일에 해야 할 가장 중요한 일은 '하나님께 집중'하는 것, 곧 예배에 온전히 모든 것을 다 소진할 수 있게 되는 것과 예배 후에는 '성도의 교제에 집중'하는 것입니다. 이것을 제대로 하는 것이 "안식일을 기억하여 거룩히 지키라"는 명령을 잘 수행하는 것입니다. 오늘의 나는 어떻습니까?

토론 4 주일에 하기에 적합한 일과 그렇지 못한 일을 표로 한번 만들어 봅시다. 선생님과 함께, 친구들과 함께 대화를 나누면서 커다란 종이에 여러 가지 일들을 함께 적어보는 것도 좋겠습니다. 그리고 이것들을 다 적었으면 실제로 우리의 주일이 어떤지를 함께 나누어 봅시다. 나는 너무 빈약하고 초라한 주일을 보내고 있지는 않습니까? 어떤 때는 교회에 너무 조금 참여해서, 어떤 때는 교회 일로 너무 바빠서 초라한 주일을 보내고 있지는 않습니까? 우리는 앞으로 어떻게 해야 하겠습니까?

_____

_____

_____

참된 신앙을 위한 세 하모니 : 사도신경, 십계명, 주기도문

3과
하나님 안에서만 이루어지는 참된 이웃 사랑

오늘 읽을 말씀 : 사도행전 17장 26-28절

인류의 모든 족속을 한 혈통으로 만드사 온 땅에 살게 하시고 그들의 연대를 정하시며 거주의 경계를 한정하셨으니 이는 사람으로 혹 **하나님을 더듬어** 찾아 발견하게 하려 하심이로되 그는 우리 각 사람에게서 멀리 계시지 아니하도다 우리가 그를 힘입어 살며 기동하며 존재하느니라

오늘의 교리문답 : 제40주일

105문 : 제6계명에서 하나님께서 원하시는 것은 무엇입니까?

답 : 내가 이웃의 명예를 훼손하거나 그들을 미워하거나 해치거나 죽이지 않기를 원하십니다. 나는 생각이나 말이나 몸짓으로, 무엇보다도 행동으로 그리해서는 안 되고, 다른 사람을 시켜서 해도 안 되며 오히려 모든 복수심을 버려야 합니다. 더 나아가 자기 자신을 해쳐서도 안 되고 부주의하게 위험에 빠뜨려서도 안 됩니다. 그러므로 살인을 막기 위해서 국가는 또한 칼을 가지고 있습니다.

106문 : 그런데 이 계명은 살인에 대해서만 이야기합니까?

답 : 아닙니다. 하나님께서는 살인을 금함으로써 살인의 뿌리가 되는 시기, 증오, 분노, 복수심 등을 미워하시며, 이 모든 것들을 살인으로 여기신다고 가르칩니다.

들어가며

십계명은 첫 번째 계명부터 네 번째 계명까지는 '하나님께 대한' 계명이고, 나머지 다섯 번째 계명부터 마지막 열 번째 계명까지는 '사람에 대한' 계명이라고 통상 정리됩니다. 예수님께서도 이를 정리하셔서 "제일 되는 계명이 무엇이냐?"는 질문을 받으셨을 때 이 분류를 따라 말씀하셨습니다. "하나님 사랑", "이웃 사랑" 이렇게 계명을 정리하신 것입니다.

그런데 여기에는 유념할 점이 있습니다. 통상 십계명을 이렇게 이해해 버리면 '이웃 사랑이 고립될 위험'이 있다는 것을 잊지 말아야 합니다. 성경의 가르침에서 '이웃에 대한 계명들'은 언제나 '하나님께 대한 계명'을 **'통해'** 존재합니다. 이웃에 대한 계명들은 독자적으로 존재할 수 없습니다. 성경이 가르치는 '이웃과의 관계'는 언제나 '하나님과의 관계에서 파생'되는 것이기 때문에, '하나님 사랑' 없이 '이웃 사랑'을 말하는 것은 성경적 가치관에서는 불가능합니다. 그리스도인은 '하나님을 사랑하기 때문에 이웃까지도 사랑하는 사람들'입니다.

문 1. 십계명은 크게 어떻게 둘로 구분하여 말할 수 있나요? 그리고 이렇게 둘로 나눌 때 주의해야 할 점은 무엇인가요?

_____

_____

_____

참된 신앙을 위한 세 하모니 : 사도신경, 십계명, 주기도문

그러면 이것을 마음에 잘 둔 채로 '이웃 사랑'에 대한 계명을 생각해 봅시다. 이웃 사랑에 관한 계명은 "네 부모를 공경하라"의 5계명, "살인하지 말라", "간음하지 말라", "도둑질하지 말라"는 6,7,8계명, 그리고 "거짓 증거하지 말라"는 9계명과 마지막으로 이 전체를 종합 정리하면서 "탐심을 갖지 말라", 곧 '마음으로도 범죄해서는 안 된다'라는 계명으로 이루어져 있습니다.

이 각각의 계명들을 모두 상세하게 배우는 것이 매우 중요합니다. 그런데 이 전체를 아울러 한 주제로, 곧 '이웃 사랑' 전체를 다루려고 할 때 한 주제를 뽑는다면 6계명의 "살인하지 말라" 안에 드러나 있는 '인류애'를 다루는 것이 좋다고 생각합니다. 이 주제를 다루는 것을 통해서 사실상 '이웃 사랑'에 관한 내용 전체를 다룰 수가 있습니다.

토론 1 칼빈 선생님은 여섯째 계명의 목적을 한마디로 요약하였는데 아래의 내용입니다. 이것을 읽고 우리는 "살인하지 말라"는 계명을 통해서 궁극적으로는 무엇을 생각해야 할 것인지를 나누어 봅시다.

> 이 계명의 목적은, 주께서 인류 전체에 일종의 통일이 있도록 묶어 두셨으므로 우리는 각각 전체의 안전을 생각해야 한다는 것이다(기독교강요, 2권, 8, 39).

_____

_____

_____

3과 : 하나님 안에서만 이루어지는 참된 이웃 사랑

1. 인류에 대해 생각하기 : 한 인류?

우리가 흔히 듣는 이야기 중에 "어차피 인생은 외로운 거야", "어차피 세상에서 나 혼자야"라는 말이 있습니다. 실제로 우리는 살아가면서 가장 가깝다고 생각하는 사람들로부터 배신을 당하거나, 아니면 그 정도가 아니더라도 내 마음을 타인들이 이해해주고 느껴주지 않는다는 사실을 발견할 때 이런 생각을 갖게 됩니다.

그런데 혹시 이런 '세상의 진리'가 '원래 그런 것은 아니었다'고 생각한 적이 있습니까? 이것이 애초에 원래부터 그랬던 것이 아니라, '문제가 생겨', '사고가 생겨' 그렇게 '된 것'임을 여러분은 알고 있습니까? 사도행전 말씀을 한번 봅시다.

> **행 17:26**
> 인류의 모든 족속을 한 혈통으로(헬라어로는 그냥 "하나로"라고 되어 있다) 만드사 온 땅에 살게 하시고 그들의 연대를 정하시며 거주의 경계를 한정하셨으니

이 말씀은 우리에게 "인류의 모든 족속이 한 혈통으로 만들어졌다"는 사실을 알려주고 있습니다. 이 말씀의 의도는 "인류는 원래 한 조상 아담으로부터 났으며, 따라서 우리는 근본적으로 모두 하나이다"라고 말하려는 데 있습니다.

그러면 어떻습니까? 우리는 "애초에 각자가 모두 다른 서로일 뿐이야"가 더 원래의 것입니까, 아니면 "우리는 원래는 모두 다 하나로 지음을 받았어"가 더 원래의 것입니까? 기억합시다. 우리가 보통 '인류애'나 '박애'라는 이야기를 종종하지만 사실상 성경이 그려 보여주는 인류는 애초에

참된 신앙을 위한 세 하모니 : 사도신경, 십계명, 주기도문

모두 '하나'였습니다.

지금도 세계의 곳곳에는 민족이 민족을, 나라가 나라를 대적하여 싸움과 전쟁이 있고, 지구의 한편에서는 연쇄살인과 방화와 이름도 모르는 이를 죽이는 일과 어린아이들을 학살하거나 학대하는 등의 일들이 일어나고 있습니다. 그리고 우리는 그 속에서 일어나는 그런 모든 일들이 '나와는 관계 없는 일'이라고 생각하며 살고 있습니다. 하지만 그것은 '원래의 모습'은 아닌 것입니다. 원래 '하나'였던 인류가 인류애를 잃어버리고, 서로에 대한 사랑을 상실해버리고 따로 표류하게 된 것은 '죄로 말미암은 부패와 타락의 결과'입니다. 만약 우리가 원래 지어진 모습 그대로 있었다면 우리는 이 세상의 모든 보편적 인류에 대하여 더 많은 사랑과 동질감을 느낄 수 있었을 것입니다.

문 2. 죄가 가져온 결과에 대하여 다음의 질문들에 대답해 봅시다.

1) 아담과 하와가 죄를 저지른 후, 이 '관계의 파괴'는 부부 관계 안에서 즉시 일어났습니다. 아담은 죄를 저지른 후 죄를 누구에게 뒤집어씌웁니까? (창 3:12)

_____

_____

_____

2) 그리고 그들에게서 태어난 자녀들을 생각해 보십시오. 가인과 아벨은 형제로, 참으로 하나로부터 난 가장 직접적인 인류들이었습니다. 그런데 그들에게 일어난 일은 무엇입니까? (창 4:8)

3과 : 하나님 안에서만 이루어지는 참된 이웃 사랑

_____

_____

_____

3) 이것은 이후 뱀의 후손들의 표징이 되었습니다. 라멕의 노래에서 우리는 살인을
칭송하는 인류의 모습을 봅니다. 라멕은 '무엇' 때문에 '무슨 일을' 저질렀습니
까? (창 4:23-24)

_____

_____

_____

토론 2 나는 학교에서 따돌림을 당하는 친구들을 보고 어떤 생각을 합니
까? '내가 당하는 일은 아니니까'라고 생각하지는 않았나요? 혹은 반대로
내가 어떤 종류의 일에서 '소외'를 느낄 때, 다른 사람들에 대해 어떻게 생
각했나요? 단지 미워하거나 싫어하지만은 않았나요? 나는 이런 상황들, 곧
모든 사람을 전적으로 사랑할 수 없게 되어 버린 것이 인류 전체에 깊게 드
리워져 있는 죄의 결과라는 것을 생각해 보았나요? 이것을 알고 배웠다면
나는 내 삶에서 무엇을 어떻게 하면서 살아가야 할까요?

_____

_____

_____

참된 신앙을 위한 세 하모니 : 사도신경, 십계명, 주기도문

2. 살인하지 말라

"살인하지 말라"는 바로 이 점, 곧 '인류애'를 우리에게 말해주고 있습니다. 그러나 이 정도가 아니라 우리가 정말 이 계명의 의도를 정확하게 읽는다면, 단순히 '인류애'가 아니라 이 계명이 우리에게 "죄의 본성을 뛰어넘을 것을 요구하고 있다"는 사실을 파악해야 할 것입니다. 그렇습니다. "살인하지 말라"는 계명은 이것을 보여줍니다.

"죄악된 나는 살인을 즐거워하는 사람이다"

"왜냐하면 우리는 원래의 인류애, 곧 사람들을 사랑하는 것에서 거슬러 이제는 그 사람들을 미워하는 것으로 변질되었기 때문이다"

"그런데 이 계명은 이제 우리에게 이 본성을 거스를 것을 요구한다. 곧 우리는 그리스도인이기 때문에, 이제 죄악된 본성을 거슬러, 사람들을 '사랑해야' 하는 것이다"

문 3. 예수님께서 복음서에서 말씀하신 것을 봅시다.

> **마 5:21-22**
> 옛 사람에게 말한 바 살인하지 말라 누구든지 살인하면 심판을 받게 되리라 하였다는 것을 너희가 들었으나 나는 너희에게 이르노니 형제에게 노하는 자마다 심판을 받게 되고 형제를 대하여 라가라 하는 자는 공회에 잡혀가게 되고 미련한 놈이라 하는 자는 지옥 불에 들어가게 되리라

예수님께서는 '실제로 사람을 죽이는 것'만을 살인이라 하지 않으시고, '무엇까지' 살인의 범주에 넣으셨습니까? 나는 실제로 어떻게 하게 될 때 '살인한 자'

가 되게 됩니까?

_____

_____

_____

　　예수님의 이 말씀은 단순히 이리저리 사람들을 많이 미워할 수밖에 없는 우리들에게 '양심의 가책을 심어주기 위하여' 악의적으로 말씀된 것이 아닙니다. 예수님의 이 말씀은 매우 현저한 사실 하나를 우리에게 보여주고 있는데, 죄인이 된 이후로 우리는 근본적으로 사람을 '사랑하지' 않고, '미워한다'는 것입니다.

　　그렇다면 여섯째 계명, "살인하지 말라"는 우리에게 무엇을 요구하고 있습니까? **우리의 죄악된 본성을 뛰어넘을 것**을 요구하고 있는 것입니다. 즉, 이 계명은 "살인"이라는 특정 행위에만 해당되는 계명이 아니라, 죄인인 우리의 '사람에 대한 태도 전체'와 관련된 계명입니다. 죄인인 우리는 근본적으로 '하나님을 미워'하는데, 그에 대한 계명이 1-4계명이고, 죄인인 우리는 근본적으로 '사람을 미워'하는데, 그에 대한 계명이 5-10계명입니다.

　　여섯째 계명은 이 5-10계명의 요지를 아주 잘 보여주는 계명입니다. "살인하지 말라"는 것은 바로 이런 우리의 죄악된 본성, '사람을 미워하는 우리의 본성'을 뛰어넘을 것을 요청하고 있는 것입니다.

토론 3 "살인하지 말라"는 계명을 단지 '행위'에 치우쳐 보지 말고, '우리의 죄악된 본성'이라는 측면에서 바라보십시오. 그러면 '본질적으로 사람을 사랑하지 않는 나'가 보이게 됩니다. 어떻습니까? 나는 어떤 문제가 생

참된 신앙을 위한 세 하모니 : 사도신경, 십계명, 주기도문

길 때마다 어떻게 하나요? 다른 사람의 유익을 생각하기보다 언제나 나를 먼저 생각하지 않나요? 우리는 언제나 '타인'을 생각하기보다 '자기'만을 생각하기에 바쁘지 않나요? 심지어 우리는 타인을 '미워하는 데' 너무나도 대단한 소질을 가지고 있지 않나요? 이런 일들을 경험해 본 예들을 한번 서로 이야기해 봅시다.

---

3. 근본적 대답 : 아버지가 한 분이시므로 우리는 하나다

그러면 결국 이 죄악된 본성을 '뛰어넘을 수 있는' 근본적인 동력은 어디에서 나올까요? 당연히 이것은 '우리로부터'는 나올 수 없습니다. 이것은 오직 '하나님으로부터'만 나오는 것입니다. 다시 처음으로 돌아가 '인류애'를 말씀했던 사도행전이 이 문제에 대한 해답 역시 어떻게 제시하고 있는지를 살펴보도록 합시다. 사도행전의 논조를 보십시오.

처음에 사도신경은 이렇게 말합니다.

> **행 17:26**
> 인류의 모든 족속을 한 혈통으로 만드사…

우리가 앞서 살펴본 대로, 하나님께서 "인류의 모든 족속을 한 혈통으로" 만드셨습니다. 그런데 이 말씀은 즉시 어디로 연결되는지를 보십시오.

문 4. 26절을 읽은 후 27절을 읽으면 "인류의 모든 족속을 한 혈통으로 만드신" 이유가 무엇입니까?

_____

_____

_____

　　우리는 사도행전의 기술 방식을 통해, 하나님께서 "인류를 한 혈통으로 만드신" 이유는 결국 "혹 하나님을 더듬어 찾아 발견하게 하려 하심"이라는 사실을 읽게 됩니다. 말하자면 이런 것입니다. 너와 내가 '한 형제'임을 알게 됨으로써 "우리가 같은 아버지를 가졌다"는 것을 깨닫게 되는 것입니다.

　　그렇습니다. 결국 계명의 의도는 그렇습니다. 우리는 **이웃을 통해 투영되는 하나님**을 봅니다. 우리는 인류를 사랑하는 것을 통하여 하나님을 사랑하는 법을 배우게 됩니다. 하나님은 세상을 원래 그렇게 지으셨습니다.

성경은 우리에게 "보는 바 형제를 사랑하지 않으면", "보지 못하는 바 하나님을 사랑할 수 없다"고 가르칩니다. 이것은 진리입니다. 왜냐하면 하나님은 '하나님을 사랑하는 방법'을 '우리 형제들의 속에 투영하여 두셨기 때문'입니다. 형제를 사랑하지 않고서는 하나님을 사랑할 수 없습니다. 즉, 궁극적 의미에서 '살인'은 '이웃을 죽이는 것'일 뿐 아니라, 근본적으로는 '하나님을 죽이는 것'입니다.

토론 4 우리는 가끔 주변에서 '하나님에 대한 열심'은 굉장히 강한데, '이웃은 등한시하거나 멸시하는 사람'을 보게 됩니다. 우리는 오늘 말씀을 통해서 이에 대한 정확한 통찰력을 얻습니다. 이 사람이 가진 신앙은 '단지 종교심일 뿐'입니다. 이것은 '정확한 기독교 신앙'이 아닙니다. 왜냐하면 하나님은 '사람을 사랑하지 않고서는', '하나님을 사랑할 수 없게' 우리를 만드셨기 때문입니다. 이 점에 있어 스스로를 돌아봅시다. 나는 '하나님 사랑'과 '이웃 사랑'을 전혀 별개의 것으로 생각하지는 않았습니까? 나는 교회에 열심히 다니고 예배를 열심히 드리는 것은 신앙이라 생각하면서, 주위의 형제 자매들을 돌보는 것은 신앙과 별개의 문제라고 생각하지는 않았습니까?

III.
주기도문

어떻게 감사와 의존의 삶을
살아갈까?

들어가며

교회를 다니면서 경험하게 되는 여러 가지 요소들 중에, 다른 무엇들보다 유독 '기도'만큼은 다른 종교들에도 모두 있는 것입니다. 아마 불교를 오랫동안 믿은 할머니가 예수님을 처음 믿게 되어 교회에 오게 되면, 사람들을 만날 때 두 손 모아 합장으로 인사를 하고, "주지 목사님은 어디 계십니까?" 하면서 교회 안의 모든 요소들이 낯설더라도, 교회에도 매일 새벽기도가 있다는 사실을 접하면 무릎을 탁 치면서 "저건 나도 잘할 수 있지!"라고 할 것입니다. 평생 새벽에 정한수 떠 놓고 자식들을 위해 기도해 온 할머니로서는 이보다 자신 있는 것이 없으니까요. 그만큼 기도는 '모든 종교들에도 있는' 것처럼 보입니다.

하지만 정말로 그럴까요? 기독교의 기도와 다른 종교들의 기도는 사실상 같은 것일까요? 그렇다면 우리는 '하나님께' 기도할 때, '산신령님께'나 '조상신들께' 기도하는 것과 같은 마인드를 가지고 기도하면 되는 것일까요?

정답을 먼저 말하자면 땡! 틀렸습니다. 사람의 마음속에 본성적으로 있는 자연인(自然人), 곧 죄성에 물들어 있는 본래의 사람도 **'종교심'**이란 것을 가지고 있습니다. 종교심이란, 아담이 죄를 지어 타락하기 전에는 '하나님을 바라볼 수 있는 능력'으로 사람에게 주어진 것인데, 죄를 지어 타락하게 되니까 이것이 방향성을 잃어 하나님 아닌 다른 것을 향하게 되었고, 따라서 우리가 가진 종교심은 '하나님'을 알게 해 주는 역할을 하는 대신 '다른 신들'을 바라는 방향으로 바뀌게 되었습니다.

문 1. 기독교가 가진 요소들 중 유독 '다른 모든 종교들에도' 있는 요소는 무엇입니까? 그리고 다른 종교들에도 이것이 있는 이유는 무엇입니까? 사람의 마음속에 원래는 하나님을 바라보도록 주어졌던 '무엇'이 있기 때문입니까?

그래서 모든 종교가 '기도'를 갖고 있는 것은 이상한 일이 아닙니다. 우리의 종교심은 무언가 신(神)을 찾도록 되어 있으니까요. 하지만 이 종교심을 따라 기도해서는 하나님께 절대 도달할 수 없습니다. 로마서 1장 말씀이 잘 알려주고 있듯이 죄를 지은 이후의 인간은 과녁을 빗맞힙니다. "썩어지지 아니하는 하나님의 영광을 썩어질 짐승들과 동물 모양의 우상으로"(롬 1:23) 바꿔 버렸으니까요.

종교심으로 드려지는 기도는 '하나님께' 도달하는 것이 아니라 **그저 '어떤 신에게'** 도달하는 것일 뿐입니다. 우리는 성경이 가르치고 있는 여호와 하나님, 곧 "아브라함과 이삭과 야곱의 하나님"이신 이스라엘의 하나님이 아닌 우리의 마음이 그려낸 '그 어떤 신'을 하나님이라고 여겨서는 안 됩니다. '종교심에 기초하여 드리는 기도', 곧 다른 종교에서도 익숙한 방식으로 하나님께 기도하는 것은 '이교의 기도'이지 '기독교의 기도'가 아닙니다. 잠언 28장 9절은 "사람이 귀를 돌려 율법을 듣지 아니하면 그의 기도도 가증하니라"라고 말씀합니다.

주의하십시오. '배우지 않고' 기도할 수 없고, '성경의 가르침 없이' 기도할 수 없습니다. 이것 없이 하는 기도를 성경은 "가증하다"고 하였습니다.

참된 신앙을 위한 세 하모니 : 사도신경, 십계명, 주기도문

나도 기도해 본 적이 있지요? 그런데 나는 이런 생각을 갖고 기도 해본 적이 있습니까? "기도 또한 배워야 제대로 할 수 있다"라고 생각해본 적이 있나요? 그냥 마음에 떠오르는 대로 기도했나요, 아니면 주위의 다른 어른들이 기도하는 것을 보고 복사했나요? 아니면 이도 저도 생각해 본 적이 없습니까?

자기가 이제껏 해 왔던 기도들에 대하여 서로 나눠보고, 또 어떤 점에서 옳았을지, 또 어떤 점에서 잘못되었을지 함께 이야기해 보는 시간을 가져 봅시다.

---

1. 기도의 성격을 잘 보여주는 '주기도문'의 위치

주기도문은 마태복음에서는 6장에 나옵니다. 그리고 이 주기도문의 위 치는 우리에게 '기도의 성격'을 잘 보여줍니다. 이것을 '큰 문맥'과 '작은 문맥' 두 부분으로 나누어 한번 생각해 봅시다.

1) 큰 문맥에서

주기도문은 위치상 '산상수훈'("산 위에서 가르치신 교훈"이라는 의미입니다) 안에 속해 있습니다. 마태복음에서 산상수훈은 5장부터 시작해서 7장 끝 까지 연결되어 있는 긴 설교문 같은 것입니다. 마태복음은 다섯 개의 설교와 다섯 개의 기사로 이루어져 있는데, 산상수훈은 이 중 첫 번째 설교에 해당합니다.

그렇기 때문에 산상수훈은 마태복음 전체 가르침의 대장정을 여는, 곧 가장 중심적인 주제를 드러내는 가르침이라고 해도 괜찮을 정도입니다. 예수님께서는 하나님 나라 백성들이 배워야 할 가장 중심적인 주제를 이 산상수훈에서 가르치셨습니다.

그러면 산상수훈의 중심 주제는 무엇일까요? 그것은 산상수훈 중에서도 제일 처음에 나오는 '팔복'(八福)에 그 핵심이 있습니다. 팔복은 말하자면 "복이 있도다! 너희 이러저러한 하나님 나라의 백성이여!"라는 가르침입니다. 곧 팔복의 핵심은 "하나님 나라 백성의 자태는 이러해야 한다"는 가르침이고, 따라서 산상수훈 전체의 주제를 한마디로 말하자면 **'하나님 나라 백성의 자태'**라고 할 수 있습니다.

문 2. 팔복의 가르침은 무엇이고, 산상수훈의 핵심 주제는 무엇입니까?

_____

_____

_____

그렇다면 우리는 주기도문이 이 산상수훈 안에 위치해 있기 때문에 이 큰 문맥의 주제 속에 있음을 쉽게 이해할 수 있습니다. 그러면 이제 이렇게 말할 수 있게 되지요. "주기도문의 성격이 무엇입니까?"라고 묻는다면, "주기도문은 '하나님 나라 백성의 자태'와 관련이 있습니다"라고 말입니다. 그렇습니다. 우리는 지금 '기도의 성격'에 대해 생각하고 있는데, 주기도문의 위치, 곧 문맥 안에서 생각해 보자면 주기도문은 '하나님 나라 백성의 자태', 그러니까 "하나님 나라 백성이라면 무엇을 갖추고 있어야 합니까?"라는 주제와 닿아 있다고 말할 수 있습니다.

2) 작은 문맥에서

그러면 이제 보다 축소해서 주기도문이 들어 있는 마태복음 6장 자체에만 치중해서 한번 보도록 합시다. 마태복음 6장을 펴서 보면 즉시 '세 가지 주제'를 말하고 있는 것을 알 수 있습니다. 세 가지 주제는 '구제'(2-4절), '기도'(5-15절, 이 부분에 주기도문이 나옵니다), 그리고 '금식'(16-18절)입니다.

이 세 가지 주제가 가진 공통점은 6장 1절에 나와 있습니다.

> **마 6:1**
> 사람에게 보이려고 그들 앞에서 너희 의를 행하지 않도록 주의하라 그리하지 아니하면 하늘에 계신 너희 아버지께 상을 받지 못하느니라

그래서 이후의 내용을 보면 '구제'에 대한 가르침에서도 "외식하는 자가 사람에게서 영광을 받으려고 회당과 거리에서 하는 것"(2절)을 경고하면서, "오른손이 하는 것을 왼손이 모르게 하라"(3절)고 하였습니다. 4절은 "은밀한 중에 보시는 너의 아버지께서 갚으시리라"입니다.

마찬가지로 '금식'에 대한 가르침에서도 핵심은 이것입니다. "너희는 외식하는 자들과 같이 슬픈 기색을 보이지 말라", "그들은 금식하는 것을 사람에게 보이려고 얼굴을 흉하게 하느니라"(16절) 역시 이 부분의 마지막도 "은밀한 중에 보시는 네 아버지께서 갚으시리라"(18절)입니다.

그러니까 이 세 주제 중의 하나인 기도 역시 어떤 내용을 말씀하는 데

목적이 있는 것이 당연할까요? 기도 또한 나머지 두 주제들과 같이 '사람에게 보이려' 하지 말고, '하나님께 보이려' 해야 한다는 것입니다. 곧 작은 문맥, 6장의 내용 안에서 우리가 알게 되는 기도의 성격은 기도는 철저하게 '사람을 바라보고서'가 아니라 '하나님을 바라보고서' 하는 것이라는 사실입니다.

토론 2 큰 문맥과 작은 문맥 둘을 종합해 봅시다. 주기도문은 '하나님 나라 백성의 자태'를 드러내는 문맥 속에 있고, 동시에 '구제', '금식'과 함께 '오직 하나님만 바라보아야 한다'는 주제 속에 있습니다. 이 사실들은 기도의 어떤 성격을 드러내 보여주고 있습니까? 우리는 흔히 쉽게 기도하지만 정작 기도라는 것은 '무엇이' 가장 중시되어야 하는 활동입니까? 하나님 나라 백성이라면(큰 문맥), 마땅히 무엇을 갖추어야(작은 문맥) 하는 것입니까? 기도는 바로 이 활동입니다.

---

2. 그렇다면, 기도의 성격으로서의 '감사'

바로 이런 점 때문에 기도는 **'도구'라기보다 '자태'**에 가깝습니다. 말하자면 기도는 '하나님으로부터 무언가 얻어내기 위한 도구'가 아니라, '하나님 나라 백성이라면 마땅히 가지고 있는 자세'인 것입니다.

참된 신앙을 위한 세 하모니 : 사도신경, 십계명, 주기도문

그렇습니다! 하나님 나라 백성은 마땅히 '하나님 의존적'입니다. 우리는 해바라기처럼 하나님만 바라보는 이들이고, 이 '의존의 행태'가 다름 아닌 '기도'인 것입니다. 주기도문의 위치는 우리에게 이것을 가르쳐 줍니다. "당신은 왜 기도합니까?"라고 묻는다면, "저는 하나님께 이것저것을 받아내고 싶거든요"라고 대답할 것이 아니라, "저는 하나님을 의지하고 제 삶에 하나님이 없으면 안 되니까 저는 기도할 수밖에 없어요"라고 답해야 하는 것이지요. 그러므로 기도는 '강제'로 되지 않습니다. 기도는 '의존의 표현'입니다. 기도는 이 의존이 제대로 되는 하나님 나라 백성이라면 '당연히' 하게 되어 있습니다.

바로 이것이 하이델베르크 교리문답의 기도 이해에 고스란히 담겨 있습니다. 교리문답이 기도를 어떻게 설명하고 있는지를 보십시오.

제45주일
116문 : 그리스도인에게 왜 기도가 필요합니까?
답 : 기도는 하나님께서 우리에게 요구하시는 감사의 가장 중요한 부분이며…

문 3. 하이델베르크 교리문답은 기도를 무엇으로 이해하고 있나요?

_____

_____

_____

하이델베르크 교리문답은 기도를 "감사의 가장 중요한 부분"이라고 말했습니다. 이 말은 "너희는 기도할 때 감사기도만 해야 해!" 이런 의미가 아닙니다. 오히려 이 말은 '기도의 성격'을 정확하게 보여줍니다. 교리문답의 이 말은 이런 뜻입니다.

"기도야말로 그리스도인의 삶의 정체가 '감사'라는 사실을 보여준다."

기독교가 가진 위대한 구원의 도리 중 하나는 "우리가 무언가 하나님께 받을 만한 행동을 했기 때문에 하나님께서 그 상으로 구원을 주셨다"고 믿지 않는다는 것입니다. 기독교가 가진 위대한 구원의 도리는 "우리는 아무것도 하지 않았는데 하나님께서 거저 구원이라는 상을 주셨다"입니다. 로마서 4장은 이렇게 말씀합니다.

롬 4:5
일을 아니할지라도 경건하지 아니한 자를 의롭다 하시는 이를 믿는 자에게는 그의 믿음을 의로 여기시나니

일을 하지 않았습니다! 아무것도 한 것이 없습니다! 그런데 의롭다 함을 받습니다! 즉, 우리에게 구원은 '선물'입니다! (우리는 이것을 이미 십계명에서 배웠습니다. 십계명 서문을 배웠던 것을 기억해 보세요)

그렇다면 '그리스도인의 삶'이란 무엇일까요? '성도의 삶'이란 무엇이겠습니까? 그것은 바로 **'이미 받은 구원에 대한 감사의 삶'**인 것입니다. 그러니까 그리스도인의 삶이란 '구원을 얻기 위한 삶'이 아니라 '이미 받은 구원에 대한 감사의 삶'입니다. 그래서 그리스도인의 삶 전체를 한마디로 정리하자면 바로 '감사'라고 할 수 있습니다. 우리는 왜 예배를 드립니까?

참된 신앙을 위한 세 하모니 : 사도신경, 십계명, 주기도문

우리는 왜 선을 행하며 삽니까? 우리는 왜 부지런히 주의 일을 합니까? 이 것은 '무언가를 얻기 위하여' 하는 것이 아니라(이미 다 얻었습니다!), '먼저 주 신 것에 대한 감사로' 하는 것입니다.

그러면 기도란 무엇입니까? 기도는 '하나님 의존'입니다! 기도는 '하나 님께 기대는 것'이지요. 그래서 기도야말로 '그리스도인의 정체성'을 너무 잘 나타내줍니다. 우리는 이미 받은 것을 감사하며 살아갑니다. 먹을 것도, 입을 것도, 만나게 되는 일도, 인간관계도, 하나님이 없으면 아무것도 할 수 없습니다. 모든 것이 하나님의 은혜입니다. 이것을 인정하는 행위가 무 엇입니까? 그것이 바로 '기도'입니다. 우리의 기도는 바로 이런 성격을 갖 고 있기 때문에 교리문답은 기도를 "감사의 가장 중요한 부분"이라고 하는 것입니다.

토론 3 결국 기도는 '아빠에게 안기는 것'과 같습니다. 우리는 세상에 홀 로 버려지지 않았고, 언제나 우리를 돌보시는 '아빠'가 있습니다. 기도는 바 로 이 하나님께 끊임없이 아뢰는 것입니다. 죄를 지었을 때 회개의 기도를, 좋은 일이 생겼을 때 감사의 기도를, 어려운 일이 생겼을 때 간구의 기도를 드리는 것은 모두 '하나님이 아빠시니까' 하는 것입니다.

어떻습니까? 기도에 대해 배우니 나의 기도가 달라질 것 같습니까? 지 금 이 시간은 '포부'나 '결심'을 나누는 시간입니다. "나는 앞으로 이렇게 기 도하겠어!"를 다 함께 나눠보도록 합시다.

_____

_____

_____

3. 하나님께서 기뻐하시고 들으시는 기도

그래서 교리문답은 116문답에서 '기도의 정의'를 말한 후에 117문답에서는 "하나님께서 기뻐하시고 들으시는 기도란 무엇인가?"를 묻습니다. 이 대답은 크게 세 가지로 정리되어 있습니다.

문 4. 아래 교리문답 본문을 보고 이 세 가지 대답을 정리해 봅시다.

> **제45주일**
>
> **117문 : 하나님께서 기뻐하시고 들으시는 기도는 어떠한 것입니까?**
>
> **답 :** 첫째, 그의 말씀에서 자신을 계시하신 유일하신 참 하나님에게만 그가 우리에게 구하라고 명하신 모든 것을 마음을 다하여 기도합니다.
> 둘째, 우리 자신의 부족과 비참함을 똑바로 철저히 깨달아 그의 엄위 앞에 겸손히 구합니다.
> 셋째, 비록 우리는 받을 자격이 없는 자들이지만, 하나님께서 그의 말씀에서 약속하신 대로 우리 주 그리스도 때문에 우리의 기도를 분명히 들어주신다는 이 확실한 근거를 우리는 가지고 있습니다.

_____

_____

_____

하나님께서 들으시는 기도에서 첫째로 언급되는 것은 "계시에 귀 기울이는 기도가 되어야 한다"입니다. 쉽게 말하자면 우리의 기도는 '하나님의 말씀에 기초한 것'이어야 합니다. 여기에서 우리가 주목해야 하는 점은 '배타성'입니다. 하나님은 '이것저것' 말씀하시지 않습니다. 우리는 하나님의

참된 신앙을 위한 세 하모니 : 사도신경, 십계명, 주기도문

온전한 뜻은 오직 '하나님의 말씀을 통해서만' 알려진다고 믿어야 합니다.

왜 "계시에 귀 기울이는 기도"가 되어야 합니까? 하나님의 뜻은 오직 이 '말씀을 통해서만' 알려지기 때문입니다. 우리의 감정, 우리의 지식, 우리의 행동들은 틀리기 쉽습니다. 왜곡되기 쉽습니다. 제아무리 좋은 태도를 가지고 임하더라도 삐뚤어질 가능성을 언제나 갖고 있습니다. 그러므로 이런 감정, 지식, 행동들은 우리 기도의 지침이 되어서는 안 됩니다. 우리 기도는 언제나 '하나님의 말씀에만' 그 토대를 두고 있어야 합니다. 그래서 우리 신앙의 선배들은 '좋은 기도문'을 많이 만들어 그 기도문으로 기도했습니다. 성경에도 모세의 기도, 히스기야의 기도, 바울의 기도 등 좋은 기도들이 많습니다. 기도문의 유익한 점은 나보다 훨씬 더 말씀에 능통했던 이들의 좋은 기도를 본받을 수 있다는 점입니다. 첫째로 기억합시다. 우리의 기도는 "계시에 귀 기울이는 기도"여야 합니다.

둘째는 "엄위 앞에 겸손히" 기도해야 한다는 것입니다. 그리고 그 앞에는 "우리 자신의 부족과 비참을 깨닫고"도 붙어 있습니다. 즉, 우리는 '자신의 낮음'을 정확하게 인지하고, 또 '하나님의 위대하심'을 정확하게 인지하고 기도해야 한다는 뜻입니다.

하이델베르크 교리문답의 가르침이 '자세'나 '태도'를 계속해서 강조하고 있음에 주목하십시오. 우리는 보통 '기도의 내용'에만 치중해 온 경향이 있습니다. 우리는 끊임없이 "무엇을 기도할까?"만 묻는 경향이 있습니다. 그러나 교리문답을 보면 사실은 "어떻게 기도할까?"가 훨씬 더 중요합니다.

하나님이 기뻐하시고 들으시는 기도는 어떤 기도입니까? 하나님 앞에 겸손히 엎디는 기도입니다. 이것은 단지 '제스처'를 말하는 것이 아닙니다.

우리 마음의 상태를 말하는 것이지요. 우리는 기도할 때 하나님을 '산타 클로스' 정도로 여겨서는 안 됩니다. 하나님은 선물을 줄 책임이 있지 않으십니다. "하나님 이것을 주세요!"라고 요구할 권리가 우리에게는 없습니다. 오히려 정반대로 우리는 하나님께 겸손히 구하면서 나아가야 합니다. 왜냐하면 주인은 하나님이시고, 우리는 '은총을 받는' 자이기 때문입니다. '교만'이야말로 기도의 가장 큰 대적입니다. 하나님께서 마땅히 들어주셔야만 할 기도가 있는 듯이 행동하는 것은 '하나님께서 가장 싫어하시는 일'입니다.

마지막 셋째는 "확신"입니다. 교리문답은 '우리의 기도' 자체만으로 보면 아무런 효력도 없지만, 우리의 기도가 "주 그리스도 때문에" 하나님께 반드시 상달된다는 것을 믿고 고백하고 있습니다. 그렇습니다. '나'는 아무것도 아닙니다. 하나님은 '나의' 기도를 들어주실 이유 같은 것은 없습니다. 하지만 교리문답을 잘 보십시오. 교리문답은 하나님께서 '약속에 매이신 분'임을 잘 보여주고 있습니다. 하나님은 나에게 아무런 빚도 없고 아무런 들어주어야 할 이유 같은 것도 없지만, "아들 예수 그리스도를 통하여 구하는 것은 들으시기로 약속하셨기 때문에" 우리의 기도를 들으신다고 합니다. 즉, 내가 잘나서 확신을 갖는 것이 아니라 우리가 그리스도께 붙어 있을 때, 하나님은 반드시 우리의 기도를 들으시기 때문에 우리는 기도에 확신해도 된다는 것입니다.

토론 4 위의 세 가지 "하나님이 기뻐하시고 들으시는 기도"에서 나에게 가장 인상적인 항목은 무엇입니까? 이 세 가지 기도의 태도에 대해 듣고 나의 기도를 생각해 보면, 나는 기도에서 무엇이 부족했다는 생각이 드나요?

참된 신앙을 위한 세 하모니 : 사도신경, 십계명, 주기도문

또 나는 앞으로 어떻게 기도해야겠다는 생각이 듭니까?

_____

_____

_____

2과
나는 무엇을 향하여 살고
기도해야 합니까?

오늘 읽을 말씀 : 마태복음 6장 31-34절

그러므로 염려하여 이르기를 무엇을 먹을까 무엇을 마실까 무엇을 입을까 하지 말라 이는 다 이방인들이 구하는 것이라 너희 하늘 아버지께서 이 모든 것이 너희에게 있어야 할 줄을 아시느니라 그런즉, 너희는 먼저 그의 나라와 그의 의를 구하라 그리하면 이 모든 것을 너희에게 더하시리라 그러므로 내일 일을 위하여 염려하지 말라 내일 일은 내일이 염려할 것이요 한 날의 괴로움은 그날로 족하니라

오늘의 교리문답 : 제48주일

123문 : 둘째 간구는 무엇입니까?

답 : "나라이 임하옵소서"로 이러한 간구입니다.

"주님의 말씀과 성령으로 우리를 통치하시사 우리가 점점 더 주님께 순종하게 하옵소서. 주님의 교회를 보존하시고 흥왕케 하옵시며, 마귀의 일들과 주님께 대항하여 스스로를 높이는 모든 세력들, 그리고 주님의 거룩한 말씀에 반대하는 모든 악한 의논들을 멸하여 주옵소서. 주님의 나라가 온전히 이루어져 주께서 만유의 주가 되실 때까지 그리하옵소서."

참된 신앙을 위한 세 하모니 : 사도신경, 십계명, 주기도문

들어가며

마태복음 6장 뒷부분에는 하나님 나라의 백성들이 이방인들과 어떻게 다른지가 잘 설명되어 있습니다. 32절에는 "이는 다 이방인들이 구하는 것이라"라고 되어 있는데, 그 이방인들이 구하는 것들이 무엇인지를 살펴보면 "무엇을 먹을까, 무엇을 마실까, 무엇을 입을까?" 하는 것입니다. 즉, 마태복음의 가르침은 "염려함으로 그 키를 한 자라도 더할 수가 없고"(27절), "공중의 새들은 하늘 아버지께서 기르시고"(26절), "들의 백합화는 수고도 않고 길쌈도 않지만 솔로몬의 모든 영광도 이 꽃 하나만 못하였다"(28-29절)고 하면서, "따라서 무엇을 먹을까, 무엇을 마실까, 무엇을 입을까 하는 것은 이방인들이 구하는 것"이라고 정리하고 있습니다.

그러면 무엇을 먹고, 마시고, 입을까를 염려하는 것 '자체가' 이방인들의 것일까요? 아닙니다. 이 문장 전체를 읽으면 이렇게 되어 있습니다.

> **마 6:31-32**
> … 무엇을 먹을까 무엇을 마실까 무엇을 입을까 하지 말라 이는 다 이방인들이 구하는 것이라 너희 하늘 아버지께서 이 모든 것이 너희에게 있어야 할 줄을 아시느니라

이 말씀의 요지는 "먹고, 마시고, 입을 것을 구하는 일의 악함"에 있는 것이 아니라, "하늘 아버지께서 주실 것이니 염려하지 말라"는 데에 있습니다. 즉, 하나님의 백성과 이방인들과의 차이는 "먹고, 마시고, 입을 것을 구하는 자체에" 있는 것이 아니라, 이방인들은 삶의 문제와 삶의 필요의 문제 앞에서 **'마치 하나님이 없는 것처럼'** 염려한다는 데 있습니다. 말하

자면 이방인은 먹고, 마시고, 입는 문제 자체에 함몰되고, 그 자체가 삶의 본질이 되어 버린다는 데 문제가 있습니다.

문 1. 하나님의 백성과 이방인의 결정적인 차이는 어디에 있나요?

　이방인들은 (　　　　)고, (　　　　)고, (　　　　)는 문제 자체에 함몰됩니다. 그들의 삶의 본질이 이것이 되어 버립니다.

　그러면 하나님의 백성은 어떻게 다릅니까? 하나님의 백성은 이 먹고, 마시고, 입는 모든 것을 하늘 아버지께서 주실 것이기 때문에 염려하지 않는다는 것입니다. 그렇다면 관건은 '염려'입니다. '관심사'입니다. 이방인들은 먹고, 마시고, 입는 것 '자체에' 몰두하고, 하나님의 백성은 그것은 하나님이 다 주실 것이니 다른 것에 몰두한다는 것이지요.

　그러면 하나님의 백성들이 몰두하는 것은 무엇일까요? 그것이 바로 마태복음 6장 33-34절 말씀의 내용입니다.

> **마 6:33-34**
> 그런즉, 너희는 먼저 그의 나라와 그의 의를 구하라 그리하면 이 모든 것을 너희에게 더하시리라 그러므로 내일 일을 위하여 염려하지 말라 내일 일은 내일이 염려할 것이요 한 날의 괴로움은 그날로 족하니라

　그렇습니다! 우리의 관심과 우리의 마음은 먹고, 마시고, 입는 것 자체에 있지 않습니다. 그것은 하늘 아버지께서 주실 것입니다. 오히려 우리의 관심은 "그분의 나라와 그분의 의"에 있습니다!

참된 신앙을 위한 세 하모니 : 사도신경, 십계명, 주기도문

토론 1 이 말씀을 듣고 곰곰이 생각해 보면, 나는 '이방인적'이지 않았습니까? 나는 너무 이 세상을 살아가는 데에 걱정이 많지 않나요? 시험 걱정, 성적 걱정, 친구들과의 관계 걱정, 곧 있게 될 어떠어떠한 일들에 대한 걱정……내 '염려'는 내 '관심'을 반영하는 것인데, 나는 지나치게 이런 육신의 문제에 대한 관심밖에 없지는 않았나요? 나는 "그분의 나라와 그분의 의"에 대해 관심을 기울인 적이 있습니까? "하나님이 나에게 기뻐하시는 일은 무엇일까?"를 생각하며 살아본 적이 있나요?

지금 서로 나누어 봅시다. 내가 항상 하는 걱정과 염려는 무엇에 관한 것인지, 또 오늘 말씀을 듣고 나니 나는 어떤 생각을 좀 더 하면서 살아야 하겠는지, 이것을 서로 나누어 봅시다.

_____

_____

_____

1. 하나님의 나라의 임함과 우리의 태도

예수님께서 기도를 가르쳐 주실 때의 표현을 우리말 성경은 "나라가 임하시오며"라고 했습니다. 이때 "임하다"는 말 그대로 '오다'라는 뜻입니다. 그러니까 이 기도는 "하나님의 나라가 오시옵소서!"가 됩니다.

그런데 이런 표현은 참 어색한 표현입니다. '나라가 온다'는 것은 무슨 말일까요? 예수님께서 제자들에게 "너희는 하나님 나라가 오시기를 기도해야 한다"라고 말씀하셨을 때, 제자들은 무엇을 떠올렸을까요? 구약성경에 기초하여 생각해 보자면, 예수님의 이 말씀을 들은 사람들은 즉시 '하나님의 왕권'을 떠올렸을 것입니다. "하나님의 나라가 오신다"는 것은 다르게 말하자면 **'하나님의 통치'**가 임하는 것이라는 말입니다.

문 2. 나는 "하나님의 나라가 오시옵소서"를 제대로 이해했나요? 하나님의 나라가 오신다는 것은 무엇이 있게 되는 것을 의미하는 것입니까?

_____

_____

_____

그러면 하나님의 통치가 임하는 것은 구체적으로 어떤 것일까요?

이것은 예수님께서 "하나님의 나라가 왔다"라고 하셨을 때, '무엇을 요구'하셨는지를 보면 쉽게 알 수 있습니다.

> **막 1:15**
> 이르시되 때가 찼고 하나님의 나라가 가까이 왔으니 회개하고 복음을 믿으라 하시더라

예수님은 "하나님의 나라가 가까이" 왔을 때 "회개하고 복음을 믿으라"고 말씀하셨습니다. 즉, "하나님의 나라가 가까이 오다", "하나님의 통치가 임하게 되다"라고 했을 때, 우리들에게 요구되는 것은 다름 아닌 '회개'입니다.

왜 하나님의 나라와 하나님의 통치가 오는 것과 '우리의 회개'가 붙어

참된 신앙을 위한 세 하모니 : 사도신경, 십계명, 주기도문

있는 것일까요? 하나님의 통치가 임하게 되면 왜 나는 회개해야 합니까? 그것은 여기 서로 대립되고 있는, 서로 싸우고 있는 두 세력이 있기 때문입니다. 한편에서는 '하나님'이 왕이 되려 하지만, 다른 편에서는 '내'가 왕이 되려 합니다. 하나님의 나라는 언제 옵니까? 하나님의 통치는 언제 임합니까? **'내가 왕이 되는 것'을 버리고, '하나님께 그 주권을 맡겨드릴 때'** 바로 그때 하나님의 나라가 임하는 것입니다. 곧 하나님의 통치가 드러나게 되는 것입니다. 우리가 "나라가 임하옵소서!"라고 기도하는 것은 바로 이것을 기도하는 것입니다. "내가 왕이 되는 것을 버리고, 하나님의 통치가 임하옵소서!"

그래서 교리문답은 이렇게 고백합니다.

제48주일

123문 : 둘째 간구는 무엇입니까?

답 : "나라이 임하옵소서"로 이러한 간구입니다.

"주님의 말씀과 성령으로 우리를 통치하시사 **우리가 점점 더 주님께 순종하게 하옵소서.** 주님의 교회를 보존하시고 흥왕케 하옵시며, 마귀의 일들과 주님께 대항하여 스스로를 높이는 모든 세력들, 그리고 주님의 거룩한 말씀에 반대하는 모든 악한 의논들을 멸하여 주옵소서. 주님의 나라가 온전히 이루어져 주께서 만유의 주가 되실 때까지 그리하옵소서."

여기 대답 부분을 잘 보면 "주님의 말씀과 성령으로 우리를 통치하시사"와 "우리가 점점 더 주님께 순종하게 하옵소서"가 붙어 있습니다. "주님의 통치"와 "우리의 순종"이 함께 말씀되고 있는 것입니다. 즉, '우리 자신을 꺾고' '하나님의 말씀하심에 복종하게 될 때' 하나님의 통치, 하나님의 나라가 임하게 되는 것이고, 이 활동의 가장 중요하고도 대표적인 것이 바로 '회개'인 것입니다.

2과 : 나는 무엇을 향하여 살고 기도해야 합니까?

토론 2 하나님과 맞서 싸우는 것은 어리석은 일입니다. 하지만 우리는 자주 내 삶에 대해 주권을 갖고 통치하시려는 '하나님'을 꺾고 '내가 하고 싶은 것'을 하려고 합니다. '회개'는 '내려놓음'입니다. '나를 내려놓음'입니다. 나는 하나님께서 내 삶의 주인이심을 인정합니까? 그렇다면 내 삶의 결정권이 나에게 있지 않고 하나님께 있다는 것을 고백합니까? 구체적으로 내가 지금 만나고 있는 삶의 여러 가지 일들 중에 나와 하나님이 충돌하고 있다고 생각하는 것은 무엇입니까? 그리고 나는 앞으로 어떻게 해야 하겠습니까?

---

2. 교회 : 나의 왕 됨을 내려놓은 공동체

123문답을 읽어 보면 그다음으로 알게 되는 사실은 교리문답은 이 "하나님의 나라"를 "교회"에 적용했다는 점입니다. "우리가 점점 더 주님께 순종하게 하옵소서" 다음에 교리문답은 무엇을 고백했습니까? "네, 주님의 교회를 보존하시고 흥왕케 하옵시며!"라고 하였습니다.

그러니까 교리문답은 하나님의 통치란 "우리가 우리의 왕 됨을 내려놓고 주님께 순종하게 될 때" 오게 되는 것인데 이 순종의 공동체, 이 나의 왕 됨을 내려놓은 공동체를 바로 "교회"라고 말씀하고 있는 것입니다. 그렇다면 "주님의 나라가 오시옵소서!"는 다른 말로 "주님의 교회가 흥왕하게

참된 신앙을 위한 세 하모니 : 사도신경, 십계명, 주기도문

하옵소서!"로 고쳐 읽어도 괜찮습니다.

그렇다면 "교회의 흥왕"이란 무엇일까요? 하나님의 나라, 곧 하나님의 통치가 실현되는 공동체로서의 교회가 "흥왕"하게 된다는 것은 어떤 의미일까요? 구체적인 '하나님의 나라'였던 이스라엘에서 하나님 나라의 흥왕이 어떻게 이루어지는지를 우리는 신명기 17장 말씀을 통해서 들여다볼 수 있습니다.

> **신 17:16-20**
> 그는 병마를 많이 두지 말 것이요 병마를 많이 얻으려고 그 백성을 애굽으로 돌아가게 하지 말 것이니 이는 여호와께서 너희에게 이르시기를 너희가 이 후에는 그 길로 다시 돌아가지 말 것이라 하셨음이며 그에게 아내를 많이 두어 그의 마음이 미혹되게 하지 말 것이며 자기를 위하여 은금을 많이 쌓지 말 것이니라 그가 왕위에 오르거든 이 율법서의 등사본을 레위 사람 제사장 앞에서 책에 기록하여 평생에 자기 옆에 두고 읽어 그의 하나님 여호와 경외하기를 배우며 이 율법의 모든 말과 이 규례를 지켜 행할 것이라 그리하면 그의 마음이 그의 형제 위에 교만하지 아니하고 이 명령에서 떠나 좌로나 우로나 치우치지 아니하리니 이스라엘 중에서 그와 그의 자손이 왕위에 있는 날이 장구하리라

문 3. 신명기의 이 말씀은 이스라엘이 왕국이 되었을 때, 왕이 취해야 할 태도에 대한 가르침입니다. 곧 하나님의 나라 이스라엘의 지침이라고 할 수 있죠. 그러면 그 지침이 무엇인지 다음의 내용에 대답해 볼까요?

1) (   )를 많이 두어서는 안 됩니다 : 군사력
2) (   )를 많이 두어서는 안 됩니다 : 외교력(외교적 이유로 다른

2과 : 나는 무엇을 향하여 살고 기도해야 합니까?

나라의 왕들과의 정략결혼이 많았기 때문입니다)

3) (   )을 쌓아두어서는 안 됩니다 : 자본력

4) 오히려 이스라엘의 왕은 무엇을 해야 했습니까? : 하나님의 (   )
의 등사본을 레위 사람 제사장 앞에서 책에 기록하여 평생에 자기 옆
에 두고 읽어 하나님 경외하기를 배우며, 이 율법의 모든 말과 규례
를 지켜 행해야 합니다.

어떻게 생각하면 참 이상한 것입니다. 실제로 나라가 힘이 있으려면 군
사력, 외교력, 자본력이 빵빵해야 합니다. 그런데 이것에 치중하지 말라고
합니다. 도리어 읽어봤자 별반 국력에는 도움도 안 되는 하나님의 말씀을
늘상 읽어야 한다고 말합니다. 왜 이런 것일까요?

이유는 간단합니다. 구약의 이스라엘은 '하나님의 나라'이기 때문입니
다. '하나님이 다스리시는 나라', '하나님의 통치가 있는 나라'이기 때문입
니다. 하나님은 사람이 의지하기 쉬운 군사력이나 외교력이나 자본력으로
이 나라를 다스리지 아니하시고, 하나님의 말씀으로 이 나라를 다스리십
니다.

그러므로 오늘날 교회, 곧 지금의 하나님 나라는 이 신명기의 가르침을
동일하게 기억해야 합니다. 하나님의 나라는 "나의 왕 됨"을 내려놓고 "하
나님의 왕 되심"을 고백하는 공동체이며, 그렇게 하기 위하여 "하나님의
말씀에 순종해야 하는 것"입니다.

교리문답은 그래서 이 하나님의 나라가 임하게 하기 위하여 "말씀에의
순종"을 제일 처음에 고백했습니다. 다시 123문답을 보십시오.

토론 3 　우리는 신명기 말씀을 통해서 교회가 하나님의 나라로서 올바르게 서기 위해서는 "주님의 말씀과 성령으로의 통치"에 순종해야함을 배웠습니다. 교회가 하나님의 말씀에 순종한다는 것은 '사람이 왕이 되는 방식'들을 온전히 버리고, '하나님의 말씀이 가르치는 방식'을 선택하는 것입니다. 쉽게 생각해 보자면 '우리가 생각하기에 그럴듯해 보이는 것들'보다도, '하나님의 말씀이 하라고 하는 대로' 가기를 선택하는 것입니다. 우리가 아직 어리지만 교회 안에 이런 일들에는 어떤 것이 있을까요? 하나님의 교회가 사람의 방식이 아니라 하나님의 방식을 선택해야하는 예들에는 어떤 것들이 있을까요?

_____

_____

_____

3. 투쟁하면서 살아가기

그리고 마지막으로 기억해야 하는 것은, 주님께서 우리에게 기도를 가르치시면서 "하나님의 나라가, 곧 하나님의 통치가 오시옵소서"라고 기도하라고 하신 의도의 배후에는 '투쟁', 곧 '전쟁'이 있다는 사실입니다.

만약 세상이 우리에게 한없이 호의적이기만 하다면, 주님께서 하나님의 나라가 오도록 하기 위해 "기도하라"고 하지 않으셨을 것입니다. 가만히 있어도 올 수 있는 것이 하나님의 나라라면 '기도할' 필요 따위는 없습니다. 그런데 주님께서 우리에게 "기도하라"고 하신 것은, 이것이 '투쟁을 통해' 얻어지는 것이고, 우리가 본성적으로 가지고 있는 우리의 욕망, 우리의 왕 됨이라는 것과 끊임없이 '싸워야' 한다는 것을 의미하는 것입니다. 그래서 우리는 앞에서 "하나님의 나라가 가까이 왔다"라고 할 때 "회개하라"를 들었습니다. '회개'의 문자적인 의미는 '돌아서다'입니다. 하나님 나라를 '향하려' 하면, 우리 육체의, 우리 욕망의 나라로부터 '돌아서야' 합니다.

문 4. 앞의 1번을 배울 때 마가복음 1장 말씀에서 우리가 배웠던 사실을 다시 떠올려 봅시다. 하나님의 통치는 '나의 왕 됨'을 버리고 '하나님의 왕 되심'을 통하여 옵니다. 이 일을 위하여 우리는 우선적으로 '무엇'을 해야 했습니까?

_____

_____

_____

그렇습니다. 우리가 "하나님의 나라를 위하여" 기도하면서 살아가야 한다는 것은 '비정상성'을 의미합니다. 우리가 상식적으로 옳다고 생각하는 방향으로 움직이지 않는 것을 의미합니다. 실베스터 스탤론(Sylvester Stallone)이라는 유명한 할리우드의 영화배우는 무명 시절에 배가 너무 고파서 아끼고 사랑하던 자신의 개를 5만 원 정도를 받고 팔았습니다. 허겁

지겹 음식을 사 먹고 난 후 이틀 정도가 지나서 그 개가 자신의 삶에 너무도 소중하다는 것을 깨닫고 다시 찾으러 갔지만, 다시 사 올 수 있는 돈을 써 버린 후라 돌아설 수밖에 없었습니다. 그러던 그가 '록키'라는 영화로 대박을 터뜨리고 나서 제일 먼저 찾아간 곳이 바로 그 개를 사간 사람이었습니다. 개를 사갔던 사람은 이제 스탤론이 부자가 된 것을 알고는 개를 데려가려면 2천만 원을 내놓으라고 했습니다. 스탤론은 자신의 개가 "그만한 대가를 치르기에 아깝지 않다"고 말하면서 2천만 원을 주고 개를 데려옵니다.

여러분은 이 이야기를 들으면서 무엇을 생각했나요? 개를 사갔던 사람이 '나쁜 사람'이라고 생각했지요? 하지만 이것이 '세상의 법칙'입니다. 이 땅의 모든 회사가 움직이고 있는 원리입니다. 더 많은 돈을 받을 수 있다면 더 많은 돈을 받는 것이 '세상의 정상성'입니다. 사람들이 기꺼이 지갑을 열기만 한다면 할 수 있는 한 최대한 뽑아 먹는 것이 '세상의 정상성'입니다.

그런데 하나님 나라의 백성들은 이와는 다른 삶을 삽니다. '비정상적인' 삶을 삽니다. 온유하고, 온화하고, 다투지 않고, 양보하며 살기를 원합니다. 왜 그렇습니까? 그것이 '세상과 다른 길'이기 때문입니다. 로마서 말씀이 보여주는 세례의 정신을 보십시오.

> **롬 6:3**
> 무릇 그리스도 예수와 합하여 세례를 받은 우리는 그의 죽으심과 합하여 세례를 받은 줄을 알지 못하느냐

2과 : 나는 무엇을 향하여 살고 기도해야 합니까?

그렇습니다. 우리는 '죽은 자'로서 살아갑니다. 세상의 가치관과 투쟁하면서, 세상이 옳다고 말하는 것을 거부하면서 그렇게 살아갑니다. 세상은 우리에게 "친구지만 수능 시험 앞에서는 모조리 적이야!"라고 가르칩니다. 세상은 우리에게 "할 수 있는 한 어릴 때부터 행복한 삶을 모조리 반납하고 외국어 학원에 투자하는 인생만이 성공할 수 있어!"라고 닥달합니다. 세상은 우리에게 "가능한 노동자로부터 최대한 생산능률을 뽑아낼 수 있는 시스템을 만들어야 최대의 이익을 얻을 수 있어"라고 강요합니다. 하지만 우리는 '어리석게' 이것을 거부하면서 살아야 합니다. 왜냐하면 우리는 세상에 대하여 '죽었기' 때문입니다.

이 삶이 어렵기 때문에 "하나님의 나라가 오시옵소서!"라고 기도하는 삶은 '투쟁하는 삶'인 것입니다.

토론 4 나의 삶, 그리고 우리 교회 친구들의 삶, 또 나의 부모님의 삶은 어떻습니까? 우리는 정말로 하나님의 나라에 순종하며 살아가기 위하여 세상과 투쟁하면서 살아가고 있습니까? 내가 생각하는 바로 이런 면에서 나와 우리가 '세상과는 전혀 다른 모습'에는 무엇이 있나요? 반대로 이것이 너무 되지 않아서 하나님 나라 백성임에도 불구하고 세상과 거의 구별할 수가 없다고 생각되는 점은 어떤 것이 있나요?

_____

_____

_____

참된 신앙을 위한 세 하모니 : 사도신경, 십계명, 주기도문

3과
일용할 양식

내가 두 가지 일을 주께 구하였사오니 내가 죽기 전에 내게 거절하지 마시옵소서 곧 헛된 것과 거짓말을 내게서 멀리 하옵시며 나를 **가난하게도 마옵시고 부하게도 마옵시고 오직 필요한 양식**으로 나를 먹이시옵소서 혹 내가 **배불러서 하나님을 모른**다 여호와가 누구냐 할까 하오며 혹 내가 **가난하여 도둑질하고** 내 하나님의 이름을 욕되게 할까 두려워함이니이다

오늘의 교리문답 : 제50주일

125문 : 넷째 간구는 무엇입니까?
답 : "오늘날 우리에게 일용할 양식을 주옵소서"로 이러한 간구입니다.
"우리의 몸에 필요한 모든 것들을 내려 주시며, 그리하여 오직 주님이 모든 좋은 것의 근원임을 깨닫게 하시고, 주님의 복 주심이 없이는 우리의 염려나 노력, 심지어 주님의 선물들조차도 우리에게 아무 유익이 되지 못함을 알게 하옵소서. 그러므로 우리로 하여금 어떤 피조물도 의지하지 않고 오직 주님만 신뢰하게 하옵소서."

들어가며

어렸을 때 이런 생각을 해 본 적이 있습니다.

주기도문에서 주님은 "일용할 양식을 주옵소서"라고 기도하라고 가르치셨단 말야. 참 이상하지? 기왕 기도할거면, 왜 주님께서는 "펑펑 넘쳐 흐를만큼 풍족하게 양식을 주옵소서"라고 기도하라고 가르치시지 않았을까?

주기도문을 가르치면서 많은 사람이 앞의 세 간구들은(주기도문은 총 여섯 개의 간구입니다) 너무나 '하나님을 위한' 기도이기 때문에 아무 말을 못하다가, 넷째 간구에 이르러서는 신이 납니다. 드디어 우리 차례가 왔다고 생각하기 때문입니다.

"하나님의 이름이 거룩하게 되기를 원합니다", "하나님의 나라가 임하기를 원합니다", "하나님의 뜻이 하늘에서 이루어진 것처럼 땅에서도 이루어지기를 원합니다" … 뭐 좋은 이야기이긴 하죠. 하나님을 위하는 기도란 게 좋은 이야기이긴 합니다. 하지만 내 꺼는요? '나를 위한' 기도는 언제 합니까? 이렇게 시무룩해 있을 때 넷째 간구가 나옵니다. "일용할 양식을 주십시오."

그렇습니다. 이제야 기회가 왔네요! 드디어 내가 원하는 것을 구할 때가 왔습니다. 사실 하나님을 믿고 사랑하는 우리가 하나님을 위해서라는데 나쁘다고 할 수는 없고, 주기도문은 주님께서 가르쳐 주셨으니까 거기다 대고 "아, 주님, 우리도 좀 먹고살자고요!" 이렇게 말할 수도 없어서 참고만 있었는데 이제 비로소 나를 위한 기도가 나오니까 신이 납니다! 앞의 세 간구에서는 불만이 끓고 있었지만 참고 있었는데 이제 드디어 내 차례가 왔으니 기도할 맛이 납니다!

그런데 이상합니다. 왜 그날 먹을 빵만 구하는 것입니까? "일용할" 양식 같은 거 말고, "부어주고, 차고 넘치는 양식" 같은 걸로 구했으면 더 좋았을 것이 아닙니까? 참 이상합니다.

문 1. 넷째 간구를 잘 살펴보십시오. 넷째 간구가 구하고 있는 것은 정확하게 무엇입니까? "일용할"이라는 말의 정확한 의미는 무엇입니까? 성경 어플에서 영어 성경을 볼 수 있으면 마태복음 6장 11절에 이 단어가 어떻게 번역되어 있는지를 찾아봅시다. 넷째 간구는 정확하게 무엇을 구하는 것입니까? (참고로 "양식"은 '빵'입니다. 우리 식으로라면 '밥'이라고 생각하면 됩니다)

_____

_____

_____

그뿐만이 아닙니다. 예수님께서는 이 가르침 뒤에 곧이어 다시 이상한 가르침을 주십니다. 분명히 넷째 간구에서는 "일용할 양식을 주십시오" 이렇게 기도하라고 말씀해 놓고는, 같은 장(마태복음 6장)에서 이렇게 말씀하십니다.

무엇을 먹을까 무엇을 마실까 무엇을 입을까 염려하지 마라(25절)
이런 것들은 다 이방인들이 구하는 것이다. 너희 하늘 아버지께서는 구하지
않아도 너희가 필요하다는 걸 다 아신다(32절)
내일 일을 위하여 염려하지 마라. 내일 일은 내일 염려할 것(문자적으로는

"내일이 염려할 것")이다(34절).

아니, 조금 전에 "일용할 양식을 달라고" 기도하라면서요? 근데 왜 정작 일용할 양식을 구하는 것은 "이방인들이" 하는 것이라고 하십니까? 왜 "염려를" 하지 말라고 하시는 건가요? "무엇을 먹을까, 무엇을 마실까, 무엇을 입을까"가 바로 "일용할"의 문제인데, 그걸 왜 금방 기도하라고 해 놓고 다시 또 하지 말라고 하시는 건가요?

대답은 어렵지 않습니다. "일용할 양식을 주옵소서"의 넷째 간구는 이런 것들을 구하는 기도가 아니기 때문입니다.

토론 1 내가 주로 기도하는 기도의 제목, 기도의 내용을 쭉 늘어놓아 봅시다(종이에 적어보면 더 좋습니다). 다 늘어놓고 보면 내 기도는 주로 어디에 치우쳐 있나요? 내 기도는 주님이 가르쳐주신 앞의 세 간구들에 어느 정도 치우쳐 있습니까? 아니면 반대로 '내가 필요한 것,' '나를 위한 것'에만 치우쳐 있습니까? 또 옆 친구의 기도제목도 보고 이 주제로 함께 이야기를 나누어 봅시다.

_____

_____

_____

참된 신앙을 위한 세 하모니 : 사도신경, 십계명, 주기도문

1. 만나가 보여주는 '은혜의 음식'

예수님께서 넷째 간구에서 가르치신 기도의 내용은 구약성경에서 가져온 것입니다. 정확히는 출애굽기 16장 말씀에서 가져온 것입니다.

> **출 16:4**
> 그때에 여호와께서 모세에게 이르시되 보라 내가 너희를 위하여 하늘에서 양식을 비 같이 내리리니 백성이 나가서 **일용할 것을** 날마다 거둘 것이라 이같이 하여 그들이 내 율법을 준행하나 아니하나 내가 시험하리라

그렇다면 예수님께서 말씀하신 "일용할 양식"은 의도적으로 광야에서의 '만나'를 떠올리도록 하신 것이고, '만나가 무엇을 의미하는 양식인지는' 신명기 말씀에 나와 있습니다.

> **신 8:3**
> 너를 낮추시며 너를 주리게 하시며 또 너도 알지 못하며 네 조상들도 알지 못하던 만나를 네게 먹이신 것은 **사람이 떡으로만 사는 것이 아니요 여호와의 입에서 나오는 모든 말씀으로 사는 줄을** 네가 알게 하려 하심이니라

하나님께서 광야에서 이스라엘에게 '만나'를 주신 이유는 신명기 말씀에 따르면 "사람이 떡으로만 사는 것이 아니라 하나님의 말씀으로 사는 것임을" 깨닫게 하기 위해서였습니다. 즉, 이스라엘 백성들은 먹을 것이 없는 광야에서 '하늘로부터 내리는 양식인 만나'를 먹고살았는데, 이들은 이렇게 '하늘에서 내리는 양식'을 먹음으로써 자신들의 먹고사는 문제가 궁극적으로 '하늘에서 내리는 은혜에 달린 것'임을 배워야 했습니다.

문 2. 이스라엘 백성들이 광야에서 먹었던 '만나'는 하나님께서 '무엇을' 가르치시기 위하여 주셨던 것입니까?

_____

_____

_____

예수님께서 "일용할 양식"을 구하는 기도를 가르치시면서 '만나'를 연상시키신 이유는, 우리가 기도하면서 우리의 먹고, 마시고, 입을 것을 구할 때 그러한 '우리 인생에 가장 필수적으로 필요한 것들조차도'(광야에서의 빵/밥처럼) 오직 하나님의 은혜를 통해서만 받는다는 것을 고백하도록 하기 위함이셨습니다.

그렇습니다. 우리는 겉으로 보기에는 '회사에서 부모님이 돈을 벌어와서' 먹고사는 것 같아도, '장사를 잘 해내는 일을 통해서' 먹고사는 것 같아도, '내가 필요한 물건들은 마트에 있고, 공장에서 만들어서 가져오는 것 같아도', '우리가 주식으로 먹는 곡식들은 모두 농부의 땀을 통해서 저기 들판에서 수확되어 오는 것 같아도' 사실 이 모든 것의 배후에 '하나님의 은혜'가 없으면 불가능하다는 것을 이 기도를 통해 배우게 되는 것입니다. 그래서 칼빈 선생님은 이 간구를 가르치면서 이렇게 말했습니다.

"이 간구를 통해서 우리는 우리 자신을 하나님의 보살피심 아래 맡기며, 우리 자신을 그의 섭리에 온전히 의탁하여, 그가 우리를 먹이시고 양육하시고 보존하시도록 하는 것이다. … 그리하여 우리로 하여금 모든 것을, 심지어 빵 한 부스러기나 물 한 방울까지도 하나님께로부터 기대하게 하셔서 이런 작은 문제들에 대해서까지도 우리 믿음을 실행하게 하시는 것이."(기독교강요, 3권, 20, 44)

참된 신앙을 위한 세 하모니 : 사도신경, 십계명, 주기도문

교리문답은 이 가르침을 그대로 표현하고 있습니다.

제50주일

125문 : 넷째 간구는 무엇입니까?

답 : ⋯ 우리의 몸에 필요한 모든 것들을 내려 주시며, 그리하여 **오직 주님이 모든 좋은 것의 근원임을 깨닫게 하시고, 주님의 복 주심이 없이는** 우리의 염려나 노력, 심지어 주님의 선물들조차도 우리에게 아무 유익이 되지 못함을 알게 하옵소서.

토론 2 우리가 생활하는 곳에서 만나게 되는 모든 것들, 먹고, 마시고, 입고, 일용하는 모든 것들에 '하나님의 은혜'가 배어 있다는 것을 나는 제대로 인지하고 있습니까? 이것을 배운 후에 나의 삶을 한번 돌아봅시다. 평소에는 '은혜'라고 생각하지 못했던 것 중에, 지금 말씀을 배우고 나니까 '은혜'라고 생각되는 것들이 있습니까? 좋은 부모님을 주신 것, 친절하고 예쁜 강아지가 있는 것, 학교에 따스한 친구들이 많은 것, 마라탕을 주신 것, 불닭볶음면을 주신 것, 심지어 내가 좋아하는 걸그룹이 지난 음원랭킹에서 1등을 하지 못한 것까지 모두 하나님의 은혜라는 것을 나는 느낄 수 있습니까? 지금 내 삶에서 은혜라고 여겨지는 것들을 나누어 봅시다.

_____

_____

_____

2. "일용할" : 매일 매일의 은혜

다음으로 우리가 생각해볼 문제는 "일용할"의 문제입니다. 주님께서는 우리에게 우리 일상의 모든 것이 하나님의 은혜임을 가르치시는 데서 그치지 아니하시고 더 나아가 "매일 매일의 은혜"를 가르치셨습니다. 이것이 양식을 구하되 "일용할" 양식을 구하게 하신 이유입니다.

잠언 30장 7절부터 9절까지의 말씀을 함께 읽어봅시다.

> **잠 30:7-9**
> 내가 두 가지 일을 주께 구하였사오니 내가 죽기 전에 내게 거절하지 마시옵소서 곧 헛된 것과 거짓말을 내게서 멀리 하옵시며 나를 **가난하게도 마옵시고 부하게도 마옵시고 오직 필요한 양식으로 나를 먹이시옵소서** 혹 내가 **배불러서 하나님을 모른다** 여호와가 누구냐 할까 하오며 혹 내가 **가난하여 도둑질하고** 내 하나님의 이름을 욕되게 할까 두려워함이니이다

문 3. 잠언 기자는 무엇을 기도하고 있나요? 세 부분으로 나누어 답해 봅시다.

1) 무엇도 말고, 무엇도 말고, 어떻게 해 달라고 기도했나요?

_____

_____

_____

참된 신앙을 위한 세 하모니 : 사도신경, 십계명, 주기도문

2) 부유하게 되면 어떤 위험에 빠질 수 있나요?

_____

_____

_____

3) 가난하게 되면 어떤 위험에 빠질 수 있나요?

_____

_____

_____

　주님께서는 '은혜의 양식'을 말씀하시되 '매일 매일 그것을 구하도록' 하셨습니다. 그 이유는 잠언에서 볼 수 있는 것처럼 우리는 부유하더라도 하나님을 배반하기 쉽고, 가난하더라도 하나님을 배반하기 쉽기 때문입니다.

　군대에 가 보면 힘들고 고달픈 이등병 때는 교회에 열심히 나가지만 병장이 되면 교회에 안 나가는 사람이 많은 것을 보게 됩니다. 왜 그럴까요? 우리에게는 어려울 때는 하나님을 찾지만 편해지면 하나님을 찾지 않는 습성이 있기 때문입니다. 즉, 우리는 종종 '부유해지면' 하나님을 모른 척 합니다.

　반대로 너무 가난하면 하나님께 원망하게 됩니다. 큰 병이 걸린 것을 빌미로 하여, 사업이 파산한 것을 빌미로 하여, 큰 재난이나 사고를 당한 것을 빌미로 하여 하나님을 버리는 사람들이 많이 있습니다. 즉, 우리는 종종 '가난해지면' 하나님을 모른척 합니다.

그래서 잠언 기자는 노래한 것입니다. "나를 가난하게도, 부유하게도 마소서." 그리고 거기에 덧붙여진 말이 무엇입니까? "오직 필요한 양식으로 먹이시옵소서." 이 말을 주기도문의 표현으로 옮기자면 "일용할 양식"입니다. 즉, '일용할 양식'이란 양식 자체에 포커스가 있는 것이 아니라 '은혜 주시는 하나님을 잊어버리지 않기 위한 방편'입니다. 광야에서 이스라엘이 만나를 주우러 나가는 일이 일주일에 한 번, 한 달에 한 번이었으면 어땠을까요? 아마도 만나를 주우러 나가지 않는 날에는 하나님을 잊어버렸을 것입니다. 그래서 하나님은 만나를 '하루치만' 주울 수 있게 금하셨습니다. 보관해두면 썩도록 만드셨습니다.

이것은 우리가 하나님의 은혜를 '잘 잊어버린다는' 의미입니다. 나는 어떻습니까?

토론 3 우리는 일상이 하나님의 은혜라는 사실을 잘 모르기도 하지만 그것을 알고 있다고 하더라도 '잘 잊어버리는' 사람들입니다. 과거에 하나님이 나를 도우신 큰 은혜가 있었다고 생각되는 일을 겪은 사람이 있나요? 혹친구들 중에 없으면 선생님께라도 이런 이야기를 들어봅시다. 그리 그 후에 어떻게 되었는지도 들어봅시다. 우리는 은혜를 잘 유지합니까? 우리는 은혜를 잘 보존합니까?

나는 이 '매일 매일의 은혜'를 유지하기 위해 무엇을 해야할까요? 우리가 매일의 삶의 활동들 중에, 우리의 루틴 속에 무엇을 집어 넣으면 매일의 은혜를 잊지 않고 살아갈수 있을까요? 저마다의 '비책'을 한번 내놓아 봅시다.

3. 이웃의 필요 돌보기

우리가 주기도문을 따라 "일용할 양식을 주세요"라고 기도할 때 마지막으로 놓치지 말아야 할 주제가 하나 더 있습니다. 그것은 '이웃'에 관한 것인데, 이 주제는 '만나 정황'에서 나오는 것입니다. 이 주제를 **"평균케 하는 원리"**라고 부릅시다.

> **출 16:16–18**
> 여호와께서 이같이 명령하시기를 너희 각 사람은 먹을 만큼만 이것을 거둘지니 곧 너희 사람 수효대로 한 사람에 한 오멜씩 거두되 각 사람이 그의 장막에 있는 자들을 위하여 거둘지니라 하셨느니라 이스라엘 자손이 그같이 하였더니 그 거둔 것이 많기도 하고 적기도 하나 오멜로 되어 본즉, 많이 거둔 자도 남음이 없고 적게 거둔 자도 부족함이 없이 각 사람은 먹을 만큼만 거두었더라

문 4. 본문을 보고 다음의 질문에 대답해 볼까요?

1) 한 사람당 얼마씩 거두게 되어 있었나요?

_____

_____

2) 그런데 많이 거둔 사람은 어떻게 하고, 적게 거둔 사람은 어떻게 했다는 것입니까? "오멜로 되었다"라는 말의 뜻은 무엇입니까?

_____

_____

3) 이 본문의 마지막 부분, 곧 "많이 거둔 자도 남음이 없고, 적게 거둔 자도 부족함이 없다"라는 말씀은 사도행전에서 오순절 성령 강림 이후에 교회 안에 나타났던 현상 중 하나입니다. 사도행전 2장 44~45절, 그리고 4장 32절과 34절을 읽고 왜 남음도 부족함도 없게 되었는지를 말해 봅시다.

_____

_____

우리는 '만나 사건'과 또 그 사건의 성취가 되는 사도행전의 이야기를 통해서 결국 교회가 '필요를 충족하는 일'은 '상호 서로의 주머니를 채워 주는 일을 통해서' 되는 것이라는 사실을 배웁니다. "일용할 양식을 주옵소서"는 나에게만 머물러서는 안 되고, 이웃에게까지 확장되어야 하는 것입니다.

민수기와 신명기를 보면, 이스라엘에게 이것은 '안식이 구현되는 원리' 였습니다. 이스라엘은 땅을 차지할 때 "내가 거주할 땅을 차지했으면 그만이지!"라고 하면 안 되었고, 다른 지파들도 모두 땅을 완전히 차지할 때까지 '함께 싸워주어야' 했습니다.

> **신 3:20**
> 여호와께서 너희에게 주신 것 같이 너희의 형제에게도 안식을 주시리니 그들도 요단 저쪽에서 너희의 하나님 여호와께서 그들에게 주시는 땅을 받아 기업을 삼기에 이르거든 너희는 각기 내가 준 기업으로 돌아갈 것이니라 하고
> (요단 동편에서 이미 땅을 얻은 지파들에게, 아직 땅을 얻지 못한 지파들을 위해 싸울 것을 명령하시는 말씀)

그렇습니다! 교회에서 '안식'은 '나 혼자만' 얻는 것이 아니라 '이웃과

함께' 얻는 것입니다. 그러므로 '만나'는 '많이 주워 온 사람의 그릇에서' '적게 주워 온 사람의 그릇으로' 나눠 담는 일을 통하여 주어졌습니다. 내가 아무리 힘이 세더라도, 내가 아무리 많이 주워 왔더라도 나도 한 오멜을 가졌고, 잘 걷지 못하는 옆집 할머니가 한 주먹 밖에 주워 오지 못했어도 그 할머니도 한 오멜을 가졌습니다. "일용할 양식을 주옵소서"의 간구는 '만나'의 정신을 따라 이렇게 시행되어야 했습니다.

토론 4 요즘은 '경쟁의 시대'입니다. 친구들끼리조차 대학 입시의 경쟁자라는 인식이 생겨서 어느 학원을 다니는지를 공유하지 않고, 대학생들은 더 좋은 수준의 레포트를 내기 위해 친구에게 자료를 보여주지 않습니다. 하지만 교회는 다릅니다. 교회는 "일용할 양식"을 기도할 때 나뿐 아니라 내 옆에 있는 사람의 주머니도 함께 채워져야 우리에게 진짜 안식과 평안이 임하게 된다는 것을 믿는 사람들의 모임입니다.

나는 어떻습니까? 나는 내 필요에 있어 이기적이지 않습니까? 나는 나눠주는 일에 후합니까? 나는 그리스도인으로서 어떻게 하며 살아야겠다고 결심하게 됩니까?